横断人生は
おもしろくて楽しい

井原　宏

東京図書出版

は し が き

　本書は、人生を横断的に渡り歩いて実り大きな果実を得ることができた者の記録です。登場する主人公は私、井原宏です。なぜ横断的人生が可能であるといえるのか、自己紹介をさせていただきます。

　まず、学歴として、1963年3月に京都大学法学部卒業、1976年1月にケンブリッジ大学大学院比較法研究課程修了（Diploma 学位）、1994年3月に京都大学博士（法学）を取得しました。

　次いで、職歴として、1963年4月に住友化学工業株式会社入社、1973年8月に住友化学工業株式会社外国部副課長、1978年5月に日本オキシラン株式会社に出向して総務部課長（1979年10月まで）、1979年11月に住友化学工業株式会社法務部課長、1991年3月に住友化学工業株式会社法務部長（1995年3月住友化学工業株式会社退職）、1991年4月に経営法友会代表幹事（1995年3月まで）、1994年4月に早稲田大学大学院法学研究科非常勤講師（1995年3月まで）、1995年4月に筑波大学大学院教授（社会科学系）経営・政策科学研究科企業法学専攻、1999年9月に慶應義塾大学大学院経営管理研究科非常勤講師（2002年12月まで）、1998年4月に筑波大学大学院経営・政策科学研究科企業科学企業法コース長、2000年4月に筑波大学大学院経営・政策科学研究科副研究科長、2002年4月に筑波大学大学院ビジネス科学研究科長（2004年3月筑波大学定年退職）、2004年4月に明治学院大学法学部教授、2006年4月に専修大学法学部・法科大学院非常勤講師（2007年3月まで）、2007年4月に明治学院大学学長補佐（2008年3月まで）（2009年3月明治学院大学定年退職）、2008年5月に筑波大学名誉教授、2008年6月に弁護士（東京弁護士会）（2020年6月まで）、2009年3月に一般社団法人 GBL 研究所代表理事会長（2013年12月まで）、2010年9月に慶應義塾大学大学院経営管理研究科非常勤

I

講師（2013年12月まで）、2014年1月に一般社団法人 GBL 研究所名誉顧問、2014年4月に筑波大学監事（2020年8月まで）、2014年12月に国際取引法学会代表理事・会長（2022年3月まで）、2022年4月に国際取引法学会理事・名誉会長（創設者）（2024年3月まで）、2024年4月に国際取引法学会名誉会長（創設者）を務めました。

　このような経歴をもつ者が、どのような人生を求めるのか、そしてその人生は価値あるのか、苦闘しつつも楽しみながら過ごしてきた者の記録としてご覧いただければ幸いです。

　本書は5つの章から構成されています。第1章は「企業人としての人生」です。ケンブリッジ大学への留学、日米合弁会社への出向、国際取引交渉、国際セミナーの日本代表講師、発展途上国向け知的財産法に関するセミナー講師、経営法友会における代表幹事としての活動、企業法務に関する座談会における司会等、新聞・雑誌インタビュー、企業法務における各種セミナーの講師・講演、共同受託調査研究および法律雑誌への寄稿等、多彩かつおもしろい活動を紹介します。第2章は「大学人としての人生」です。筑波大学社会人大学院、筑波大学社会人法科大学院、明治学院大学および筑波大学監事に関して、大学における教育に携わったさまざまな経験を紹介します。第3章は「研究者としての人生」です。研究の方向・方針および研究の成果に関して、どのような研究の方向・方針をとるのか、どのように研究の成果を上げるのか、まさに研究者としての真価を問われることになります。第4章は「学会人としての人生」です。一般社団法人 GBL 研究所の設立・運営および国際取引法学会の創設・運営について、どのような仕組みや工夫をしているかを紹介します。第5章は「弁護士としての人生」です。東京弁護士会での活動、個人法律事務所および中小企業の顧問弁護士に関して、弁護士としてどのような役割を果たすことができるのかを追求しています。

　最後に、本書の刊行に際して、東京図書出版編集室の皆さんには

大変お世話になりました。心から感謝申し上げます。

　2024年8月

　　　　　　　　　　　　　　　　　　　　　井 原　　宏

目 次

はしがき 1

第1章　企業人としての人生 7

1　ケンブリッジ大学への留学 7

2　日米合弁会社への出向 8

3　住友化学内における横断職務 10

4　国際取引交渉 10

5　住友化学退職 17

6　国際セミナーの日本代表講師 17

7　発展途上国向け知的財産法に関するセミナーの講師 ... 18

8　経営法友会における代表幹事としての活動 18

9　企業法務に関する座談会における司会等 21

10　新聞・雑誌インタビュー 22

11　企業法務に関する各種セミナーの講師・講演 22

12　共同受託調査研究 23

13　法律雑誌への寄稿等 24

第2章　大学人としての人生 25

1　筑波大学社会人大学院 25

2　筑波大学社会人法科大学院 26

3　明治学院大学 27

4　筑波大学監事 28

第3章　研究者としての人生 35

1　研究の方向・方針 35

2　リーガルプランニング 41

3　京都大学の研修生制度 49

4　研究の成果 49

第4章　学会人としての人生 55

1　一般社団法人 GBL 研究所 55

2　国際取引法学会 61

第5章　弁護士としての人生 102

1　東京弁護士会での活動 102

2　個人法律事務所 103

3　中小企業の顧問弁護士 104

あとがき 106

第1章　企業人としての人生

1　ケンブリッジ大学への留学

　1975年4月にケンブリッジ大学へ留学した。当時、勤務先の住友化学には留学制度は設けられていなかったが、留学期間中、給料は支給される（ボーナスを除く）ということだったので、留学を決心した。並行的にアメリカのエール大学にも志願したが、ケンブリッジ大学の方が先に決まった。

　フィッツウィリアム・カレッジに所属されることになった。ケンブリッジ大学では先にカレッジの所属が決まることが先決条件である。フィッツウィリアム・カレッジは、1869年にフィッツウィリアム美術館の真向かいに設立された。1963年にケンブリッジの北西部にカレッジの本部を移し、1966年に現在のフィッツウィリアム・カレッジとして正式に設立された。フィッツウィリアム・カレッジからは、ノーベル生理学・医学賞受賞者が4名、ノーベル経済学賞受賞者が2名、合計6名のノーベル賞受賞者が出ている。著名な卒業生の一人として、リー・クアンユー：シンガポールの政治家・初代首相がいる。私が在籍していた当時は、男子のみであったが、後に女子も加わり、現在34あるカレッジの中で大きなカレッジとなっている。フィッツウィリアム・カレッジには寄宿部屋、食堂、バー、図書館、チャペルなどがあり、1年半に及ぶフィッツウィリアム・カレッジにおける経験は、誠に快適であった。

　私は、法学部の大学院生（Graduate Student）として、Diploma in Comparative Legal Studies というコースに入り、会社法の Lecturer の指導を受けて、比較法研究のテーマで論文を作成し、1976年1月に審査に合格して、Diploma の学位を得ることができた。1年半にわたる研究生活は、将来、私が研究者となる原点となるものであった。

7

ケンブリッジには、妻純子および1歳の次男望と4歳の長男基を連れてきた。半年遅れて来たので、1年間の滞在であった。基はいわゆる幼稚園に通い、私が車で送り迎えをした。

　近所には日本からの研究者や医師が家族同伴で何人も来ており、知り合いとなった。望が、少し目を離しているとき、2階への階段を数段登り、落ちて頭を打ち、純子と私は仰天し驚き慌てた。幸いにも近くに日本の医師が来ていたので、電話で相談したところ、ケンブリッジ大学の付属病院に紹介してくれ、直ちに望を純子と二人で連れて行き、女性の専門医に診察してもらった。一晩安静にしている必要があるので、病院に泊まるように言われ、純子が付き添うことにした。翌日、私は二人を迎えに行った。日本の医師と知り合いになっていたことの有り難さに感謝した。

　ケンブリッジ大学は卒業生を非常に大事にする。現在でも、私宛てにフィッツウィリアム・カレッジと大学から3か月に1度はメールでいろいろな情報を送ってくる。フィッツウィリアム・カレッジを何度も訪ねたが、私がProfessorであるということで、食堂でハイテーブルという正面で一段高いテーブルに座ることができる。日本の大学でこんなに卒業生を大事にするところはない。イギリス特有のカレッジ制度の特色であるが、私にとっては、卒業した京都大学よりもケンブリッジ大学が心の拠り所となっている。

2　日米合弁会社への出向

　1967年、アメリカのハルコン社（Halcon International INC.）が、メキシコで開かれた世界石油会議で、塩素を使用せず、過酸化物を種々、変えることによってプロピレンオキサイドと各種の併産品を選択的に生産することができる新方法を発表して、俄然注目の的となった。住友化学と昭和電工の2社で、まず1972年8月25日、資本金42億8400万円の日本オキシラン株式会社を設立し、社長は住友化学から派遣した。その後、アメリカ側のアトランティッ

クリッチフィールド・ハルコン２社の払い込みを待って９月11日に資本金を85億6800万円とした。しかし千葉県の認可が遅れ、なかなか着工に至らなかったが、1973年12月にようやく認可を受けて着工し、1975年８月に完成した。日本オキシランの出資比率はARCO50％、住友化学30％、昭和電工20％、製品は、プロピレンオキサイド年間生産量18万１千トン、スチレンモノマー年間生産量42万５千トンであった。

　私は、1978年５月、このような日米合弁会社に出向することになり、総務部課長を１年６か月務めた。同社の社長は住友化学から、副社長はARCOから派遣された。社員は、取締役営業部長にARCOが日本人を派遣、取締役を含む総務部の関係者は全員住友化学からの派遣者であった。私は、通訳も兼ねて、副社長の相手をすることが多かった。私は総務部課長として、総務課長、企画課長、業務課長および会計課長の役目を果たしていた。

　最も悩んだことは、親会社である住友化学の利益を優先するべきか、あるいは日本オキシランの利益を優先するべきかであった。一例を挙げると、住友化学の千葉製造工場に隣接している日本オキシランの製造工場のいずれを優先するべきかという難題であった。両製造工場は隣接しているので、水や電気などの用役については、日本オキシランの製造工場は住友化学の千葉製造工場から受けていた。日本オキシランの製造工場は、操業開始後数年間は、低い操業率にならざるを得ない状態であり、大きな赤字が続いていた。この低操業を回避するためには、１週間のうち、数日間は100％稼働し、残る数日間は操業を停止することが日本オキシランの立場からは赤字を削減する方策であった。しかし、住友化学にとっては、千葉製造工場の稼働に大きな悪影響を及ぼすことになり、用役のバランスに苦慮することになった。

　私は、日本オキシランの企画課長の立場で、日本オキシランの利益を最優先にするべく、具体的な利益額を計算して、住友化学の東京企画部に説明した。その結果、千葉製造工場の方でも用役バラン

スをとる手法を見いだすことができるようになり、住友化学の東京企画部は私の提案を受け入れてくれた。

3 住友化学内における横断職務

私は、最初に新居浜製造所の査業課（原価管理と設備予算管理）に配属された。次いで東京の海外営業部（ポリエチレン樹脂販売）、大阪の外国部、日本オキシランに出向、最後に東京の法務部と横断的に職務を務めた。

4 国際取引交渉

住友化学の法務部長として外国企業と数多くの国際取引に関する交渉を行ったが、その代表として、以下の3つの事例を取り上げる。

私の隣の席に座っている取締役総務部長は、うちの法務部長はいつも海外に出張しており、もう少し国内での仕事があるのでは、と少しやっかみをこめて言っていた。

(1) シンガポール石油化学コンビナート建設

本計画はシンガポールのメルバウ島にエチレン能力30万トンの石油化学コンビナートを建設するもので、1971年12月にシンガポールの大蔵大臣から住友化学に石油化学工場建設への協力要請があったのに始まる。メルバウ島はシンガポールのジュロン工業団地の沖合の島で、周辺に他に6つの島がある。以前は漁村であったが、1960年代末〜70年代の初めに3つの製油所が計画された。シンガポール政府はここに石化基地をつくり、経済発展を図ろうとした。

当時は東南アジアにも中国にも石油化学製品の需要はなく、産油国でもないため、原料も需要もないところで石化基地を建設してど

うするのだとの声が強かった。特に三井のイラン、三菱のサウジの計画が進められていたため、これらと比較して、反対が住友化学の中にもあったといわれる。住友化学では社長の判断で本件を進めることとし、インドネシアのアサハン・アルミニウム計画と同様に、ナショナルプロジェクトとして推進すべきとの考え方で政府、業界などに支援・協力を要請した。

1975年1月、住友化学とシンガポール政府間の基本契約が調印された。当初の計画は次の通りである。立地：メルバウ島、製品：エチレン30万トン、LDPE12万トン、HDPE5万トン、PP10万トン、EG12.5万トン、BTX、所要資金：約1800億円である。

1977年5月に海外経済協力基金の出資が閣議で了解され、石油化学業界の全面的協力を得て、以後、ナショナルプロジェクトとして推進されることになった。7月に海外経済協力基金30％、住友化学13％と石化メーカー、プラントエンジニアリング会社、総合商社、銀行が参加した投資会社「日本シンガポール石油化学」（JSPC）を設立、翌月、シンガポール政府とJSPCの折半でエチレンセンター会社「Petrochemical Corp. of Singapore (Private) Ltd.」（PCS）を設立した。

その後、石油化学各社は誘導品事業への参加を呼びかけたが、大型不況の最中で、かつ東南アジアにおける需要は長期にわたり供給過剰が懸念され、多くは消極的な姿勢を示した。ようやく、1980年になり、各誘導品会社が設立された。まずHDPEで米国のフィリップス石油が参加、EOGで国内メーカー4社とシェルが、最後にLDPE・PPには、参加を呼びかけた国内7社のうち4社の参加が決まった。最終計画は以下の通りである。

LDPE・PP　社名：The Polyolefin Co. (Singapore) Pte. Ltd. (TPC)、設立：1980年5月、出資比率：日本シンガポールポリオレフィン70％、シンガポール政府30％（日本シンガポールポリオレフィン：住友化学55/70、宇部興産5/70、昭和電工5/70、東洋曹達3/70、出光石油化学2/70）である。

HDPE　社名：Phillips Petroleum Singapore Chemicals (Private) Ltd. (PPSC)、設立：1980年4月、出資比率：フィリップス石油60％、シンガポール政府30％、住友化学10％である。

アセチレンブラック　社名：Denka Singapore Private Ltd. (DSPL)、設立：1980年9月、出資比率：電気化学工業80％、シンガポール政府20％である。

EOG　社名：Ethylene Glycols (Singapore) Private Ltd. (EGS)、設立：1982年4月、出資比率：日本シンガポールエチレングリコール（JSEC）30％、シンガポール政府50％、シェル20％、JSECの出資額約66億円は以下の各社の出資となった。約58億円分を住友化学、三菱油化、日本触媒化学の3社が均等出資、残り8億円を伊藤忠商事、住友商事、トーメン、日商岩井の4商社が各2億円出資。

1980年7月、EGSはまだ設立されていないが、PCSの起工式が行われた。1982年8月にPCSが完成、続いて9月にTPC、12月にDSPL、翌年7月に遅れていたPPSCも完成した。しかし、折からの世界的な石油化学製品の市況の冷え込みのなか、操業開始をいつにするかが問題となった。操業を開始してもEOGがないためエチレンの操業度は低く、大幅な赤字は避けられない状況であった。1983年5月、リー・クアンユー首相から中曽根康弘首相に対して、PCSの苦境脱出のため、シンガポール、日本双方が1億ドルずつ増資して操業時の大幅赤字を回避しようとの提案が示された。これに対して政府は、日本側追加出資額（279億円）のうち政府系の金融機関の追加出資額は45億8000万円に止め、残りを民間側負担とすることを決めた。しかし、折からの大不況の下で追加出資に難色を示す企業が多く、住友化学が162.2億円、他の住友グループが32億円と、政府出資を除いた額の83％を住友グループが引き受けざるを得なかった。これにより、PCSに対する株主融資518億円が出資金に振り替えられることになり、日本輸出入銀行などへの延べ払い融資416億円が残るのみとなってPCSの金利負担は大幅に軽減された。

第 1 章　企業人としての人生

　1983年後半に入ると石油化学市況は上昇の兆しを見せ始めた。1984年2月、PCSのエチレンプラントが立ち上がり、引き続きEGSを除くコンビナート各社の全プラントが一斉に商業運転を開始した。石油化学製品の市況が好調ななかでの操業開始で、誘導品のプラントは当初から実質フル操業状態となった。1985年2月にはEGSのEOGプラントも完成し、直ちに本格操業を開始、PCSもフル操業となった。3月にシンガポール石油化学コンビナートの合同竣工式が行われた。

　シンガポール政府は1987年に資本市場の育成と資金の有効利用のため国営企業の民営化を決定、それに基づき1989年に各社の持株をシェルグループに譲渡した。各社出資比率（％）は以下の通りとなった。

　　PCS　　JSPC：当初50譲渡後50、シェル：当初ゼロ譲渡後50
　　TPC　　NSPC：当初70譲渡後70、シンガポール政府：当初30
　　　　　　譲渡後ゼロ、シェル：当初ゼロ譲渡後30
　　PPSC　フィリップス石油：当初60譲渡後85.71、住友化学：当
　　　　　　初10譲渡後14.29、シンガポール政府：当初30譲渡後ゼ
　　　　　　ロ
　　DSPL　電気化学：当初80譲渡後100、シンガポール政府：当初
　　　　　　20譲渡後ゼロ
　　EGS　　シェル：当初20譲渡後70、JSEC：当初30譲渡後30、シ
　　　　　　ンガポール政府：当初50譲渡後ゼロ

　TPCにおけるシンガポール政府からシェルへの譲渡に際し、私は、住友化学の代表として、シェルの代表である法務責任者との交渉に当たった。シェルの法務責任者は、非常に強面のタフネゴシエーターであり、シェルの利益を前面に出して、自社に有利な合弁会社にしようとした。しかし、住友化学はTPCの出資比率55％を占める多数株主であり、現行の合弁契約を現状維持で、いかなる変

更も受け入れることはできないと、シェルの法務責任者に主張した。毎月、半年間、私は、シンガポールに出向いて、シェルのシンガポールタワーでシェルの法務責任者との交渉に臨んだ。ところが、二人だけの筈であったが、シェルの法務責任者は、シンガポールにおける顧問弁護士（有能な女性）を同伴させていた。私は、シンガポール会社法の解説のためであれば、同伴を認めるが、交渉に関与することは一切認めることはできないと言って、つっぱねた。シェルの法務責任者はこれを了承した。

　私は、TPC 合弁契約書の内容に関する変更は一切認めなかったが、いくつかの文言の単なる修正には応じることとして、半年後には交渉は妥結した。新しい合弁契約書の調印式には出席しなかったが、後日、井原こそタフネゴシエーターであるとシェルの法務責任者が言っていたと聞いた。彼は、数年後、シェルからオランダ国立銀行へ転身したそうである。

(2) インドネシア政府とのアルミニウム合弁事業

　インドネシア北スマトラのトバ湖およびアサハン川の水力電源は、古くから識者の注目するところであったが、インドネシア政府は、同島の産業開発のため、アサハン川に大水力発電所を建設し、その豊富、低廉な電力をもって、アルミニウム製錬を行うことを計画し、これに対する外国企業の参加を期待していた。

　住友化学・日本軽金属・昭和電工からなる日本３社連合は、住友化学を幹事会社に選定し、交渉を一任した。

　1975 年 7 月、日本政府は、本計画を日本・インドネシア両国間の最重要経済プロジェクトとして実現を図ることとし、日本輸出入銀行、海外経済協力基金と国際協力事業団を通じ、所要の資金援助を行うことを閣議決定した。

　1976 年 1 月、この計画と運営に当たる現地会社「ピーティー・インドネシア・アサハン・アルミニウム」（P. T. Indonesia Asahan Alminium、略称：INALUM、イナルム社）が、日本アサハンアル

ミニウム（国際協力機構 JICA50％、旧製錬 5 社各7.5％計37.5％、7 商社計12.5％）90％、インドネシア政府10％出資により設立された。同年12月、これに基づく増資払い込みにより、同社における持株比率は日本アサハンアルミニウム75％、インドネシア政府25％になった。

アサハンアルミニウム計画の第一期工事（アルミニウム年産能力 7 万5000トン）の完成を機に、1982年 1 月20日、スハルト大統領夫妻の臨席の下、製錬工場で日・イ両国の関係者1200人が出席して盛大な開所式が行われた。

1985年から1986年にかけて、LME（ロンドン金属取引所）相場は低迷し、アルミニウムの市況の悪化は続いた。そのような環境下で、インドネシア政府は、日本アサハンアルミニウムの出資会社にアルミニウムのインゴットを引き渡すことを拒絶する事態が発生した。

私は、日本アサハンアルミニウムの企画担当者（住友化学から出向）と共に、ジャカルタに出張し、インドネシア政府の担当部局の担当者に面談して事情を聞いて、何か打開策はないか探った。また、現地のイナルム社の社長に日本アサハンアルミニウムから出向している者（住友化学から出向）に会って相談した。彼が主催するイナルム社の会合に出席して、インドネシア政府の担当者（アメリカの法律事務所の顧問弁護士を同伴）と意見交換した。

このような仕事で、何度かジャカルタに出向いたが、リラックスのために、イナルム社の社長とゴルフを楽しんだ。

最終的に、このような状況を打開するために、通産省の担当部局の局長を団長とし、日本アサハンアルミニウムの社長とその社員（インドネシア国アサハンアルミニウム会社担当）：（いずれも住友化学から出向）、さらに住友化学から法務担当者である私が加わった交渉団がジャカルタに派遣されることになった。交渉はインドネシア政府と日本政府間の少人数に絞られて行われた。日本アサハンアルミニウムの社長と担当者、アルミ製錬業界を代表する法務責任

者である私は、近くで待機した。日本の大使の支援もあって、現地でのインドネシア政府との交渉は幸いにもうまくまとまった。

(3) 住友化学とフィリップス石油によるポリプロピレン合弁事業

　住友化学の当初の合弁相手はフィリップス石油（Phillips Petroleum）であった。

　フィリップス・スミカ・ポリプロピレン・カンパニー（PSPC）は、テキサス州法によるジェネラル・パートナーシップという形態で1992年5月に設立、本社はテキサス州ウッドランドにあり、資本金は4億5500万ドル、出資比率は Sumika Polymers America 40％、シェブロン・フィリップス・ケミカル（Chevron Phillips Chemical）60％で、事業内容はポリプロピレン樹脂の製造・販売・開発、生産能力は32万トン / 年である。

　フィリップス石油は、2000年にオレフィン、ポリマー、芳香族事業をシェブロンの同事業と統合し、50/50出資でシェブロン・フィリップス・ケミカルを設立、PSPC の合弁相手はシェブロン・フィリップス・ケミカルとなった。

　その後、住友化学はシェブロン・フィリップス・ケミカルと、両社の合弁会社である PSPC を解散することで合意し、2011年9月に解散した。

　フィリップス石油との合弁事業の交渉相手は、フィリップス石油の企画課長と法務担当者であり、住友化学側は、企画部部員、私と部下である法務部部員であった。合弁契約書の内容に関しては、ポリプロピレン製造技術、合弁会社の本社や社内体制などが主であり、それほど揉めるような問題はなかった。しかし、テキサス州法によるジェネラル・パートナーシップという形態で設立することについては、懸念を引き起こす問題であった。アメリカの石油会社では、パートナーシップ形態で会社を設立することに慣れているが、無限責任を負うことになる。私の懸念を取り払うために、フィリップス石油の本社があるオクラホマシティにフィリップス石油の

第1章　企業人としての人生

法務担当者を訪ねた。彼は私の懸念を理解してくれたが、フィリップス石油としては問題がないとの応答であった。最終的には、住友化学側の出資は、子会社である Sumika Polymers Chemical を使うことで、無限責任の問題を回避することになった。フィリップス石油の法務担当者から、アメリカでは最近、有限責任会社（Limited Liability Company）という新しい会社形態が使われるようになってきた、関心があれば、ヒューストンの法律事務所を紹介すると言われたので、帰途に立ち寄って、種々質問をして、勉強になった。

5　住友化学退職

　私は、1995年3月に住友化学を自己都合で退職した。その2年前から、大学教授に転身したいと考えていた。住友化学の外国部の部長は、かつて私の上司であったが、その当時、サカタインクス（大日本インキに次ぐ業界2位の会社）の社長をしていた。当該社長は、私を三顧の礼をもって、サカタインクスに迎えると言ってくれたが、大学へ転身する決意は変わらなかった。もしその誘いに応じていたら、サカタインクスの社長になっていたであろう。ケンブリッジ大学に留学した時に、必ず将来は大学教授に転身すると考えていた。

6　国際セミナーの日本代表講師

　インドネシアのジャカルタにおいて1984年5月に、世界知的所有権機関（WIPO）およびインドネシア政府主催による「産業におけるパテントライセンスに関する国際セミナー」の日本代表の講師として、特許庁から派遣された。

17

7 発展途上国向け知的財産法に関するセミナーの講師

上記国際セミナーに日本代表として特許庁から派遣されたことを契機として、特許庁が主催する発展途上国向けの知的財産法に関するセミナーの講師を依頼された。

(1) ジョイントベンチャーと技術移転
   特許庁主催・工業所有権制度集団研修（1985年）
(2) ライセンスにおける話題
   特許庁主催・中国科学技術管理コース（1887年）
(3) 技術移転とライセンス契約
   特許庁主催・工業所有権セミナー（1987年）
(4) 技術移転とライセンス
   特許庁主催・工業所有権制度集団研修（1987年）
(5) 技術移転とライセンス契約
   特許庁主催・工業所有権セミナー（1988年）

8 経営法友会における代表幹事としての活動

経営法友会は、1971年、"企業法務実務担当者の情報交換の場"として発足しました。当会は法人単位の会員組織として企業内の法務担当者（法務・文書・総務・審査・監査等その所属部署名は問いません）によって組織されています。現在の会員数は1,300社を超え、特色ある専門家集団として、その声価を高めつつあります。当会では、企業における「法務部門」の充実強化を目的とし「法務部門」の組織・運営等について、会員相互の意見交換を行い、わが国企業における「法務部門」のあり方を追求しています。また、研修を通じた担当者のスキルアップ、実務情報

の収集、さらに、所管官庁・関係団体に対し実務的見地からの意見提言、意見交換を行っています。

幹事会の統括の下、各部会（総務部会、月例部会、研究部会、研修部会、大阪部会）によって具体的な事業が運営されています。各事業には、会員会社のご担当者のどなたでもご参加いただけます。

　当会事業は、会員総会（毎年5月）において承認される事業計画に基づき運営されています。具体的には、会員会社から選任された幹事によって構成される幹事会の下に、運営部会（総務部会、月例部会、研究部会、研修部会、大阪部会）が設けられ、この各運営部会が毎月の事業を企画し、運営・実施をしています。原則として各事業への参加費用は無料です。

総務部会
　1．会報誌の発行
　　　時機に応じた論考、月例会講演録、会員会社法務部門の紹介などをまとめた会報誌（経営法友会レポート）を毎月発行しています。
　2．会員懇談会の開催
　　　法務部門が抱える諸問題について、会員相互の意見交換の場として「会員懇談会」を随時開催しています。
　3．学界・法曹界等との意見交換
　　　学界や法曹界等の積極的な意見交流を図るため、必要に応じて、学者、裁判官、弁護士等との意見交換の場を設けています。
　4．法務部門実態調査
　　　5年ごとに法務部門実態調査を行い、成果を刊行物として発表しています。

5．経営法友会大会

　　２年ごとに経営法友会大会を開催しています。研究
　報告やシンポジウムなどを行い、日常の研鑽成果を
　示すとともに、会員相互の懇親の機会としています。

月例部会

　立法動向、実務動向、企業を取り巻く法的問題、時事の
トピックス等について、立案担当者、専門家を講師に迎
え、解説会（月例会）を開催しています。

研究部会

　1．研究会の設置

　　企業法務に関わる実務上の課題を整理し、必要な
　テーマを選定のうえ会員各社からメンバーを募り研
　究会を設置して、検討を重ね、その成果については
　公表しています。

　2．政策、立法等の意見照会対応

　　各種政策、立法等への提言や意見照会（パブリック
　コメント）に対する意思表明を行っています。

研修部会

　法務担当者のスキルアップを目指し、会員各社の法務担当
者、研究者、弁護士等を講師に迎え、企業法務に関わる主要
な項目に対して体系的・網羅的に研修会を開催しています。

大阪部会

　関西地域の会員への対応として、東京に準じた活動（月
例会、研修会、会員懇談会、研究活動）を開催していま
す。

第1章　企業人としての人生

私は、代表幹事として以下のような活動を行った。

(1) リストラクチャリングの法的分析 —— 分社、合併、合弁の進め方
　　経営法友会主催・第5回経営法友会大会パネルディスカッション（1988）
(2) 代表幹事に就任して
　　経営法友会レポート196号（経営法友会、1990）
(3) 90年代における「企業法務」の課題
　　経営法友会主催・第6回経営法友会大会基調講演（1990）
(4) 経営法友会20年の歩み
　　経営法友会20周年記念行事（経営法友会、1991）
(5) 経営法友会の中期展望について —— 代表幹事2期目にあたり
　　経営法友会レポート221号（経営法友会、1992）
(6) 変容する企業環境における「法務」の機能
　　経営法友会主催・第7回経営法友会大会基調講演（1992）
(7) 企業法務の方法論
　　経営法友会レポート406号（経営法友会、2007）

9　企業法務に関する座談会における司会等

(1) 商法改正試案に対する各界意見をめぐって（司会）
　　旬刊商事法務1099号（1987）
(2) 56年改正商法施行5年を振り返って（司会）
　　旬刊商事法務1124号（1987）
(3) 企業法務と法学教育
　　京都大学法学部有信会誌34号（1992）

10 新聞・雑誌インタビュー

(1) 有限会社の設立とそのメリット
　　Nikkei Venture（日本経済新聞、1984）

(2) 株式会社でなくていい── あえて有限会社
　　日経産業新聞（1986）

(3) ４割が法務部設置── 経営企画型へ変身
　　日経産業新聞（1991）

(4) Clients press case for foreign lawyers（1991）
　　The Japan Economic Journal（1991）

(5) 順法問われる今こそ── 法務部の復権
　　日経産業新聞（1991）

(6) 揺れる独禁法── 遵守マニュアル作成
　　日本工業新聞（1992）

(7) 経営のグローバル化に対応した法務体制作りをめざす
　　月刊国際法務戦略 Vol. 2-1（1993）

(8) 法務マンへの相談は早ければ早いほどよい
　　日経アントロポス 1994.3（1994）

11 企業法務に関する各種セミナーの講師・講演

(1) 海外ジョイントベンチャーと技術移転
　　LES Japan News（日本ライセンス協会、1981）

(2) 米国での訴訟対応事例にみる戦略法務
　　社会経営国民会議主催・海外マネジメント研究コース
　　（1991）

(3) 米国独禁法の強化とその対応── 日本企業の予防法務とその
　　実践
　　社会経営国民会議主催・海外法務研究講座（1992）

第1章　企業人としての人生

(4) 独禁法遵守プログラムの運用上の問題

　　三菱総合研究所主催・法務リスクマネジメント講座（1992）

(5) 最近の競争政策と企業活動

　　監査懇話会主催・監査セミナー（1994）

(6) 事業者団体の活動

　　通商産業省主催・経済法研修講座（1995）

(7) 多様化する法務

　　日弁連法務研究財団主催・研修講座（仙台）（1998）

(8) コーポレート・ガバナンスと法律業務

　　日弁連法務研究財団主催・研修講座（名古屋）（1998）

(9) 米国司法制度の特色

　　海外事業活動関連協議会主催・セミナー「米国における訴訟
　　社会への対応」

　　SHAREHOLDERS50号（2001）

(10) 国際契約の基礎

　　一般社団法人 GBL 研究所主催・GBL 国際法務研修基礎セミ
　　ナーコースA第5、6回（2009）

(11) 国際知的財産の基礎

　　一般社団法人 GBL 研究所主催・GBL 国際法務研修基礎セミ
　　ナーコースB第1、2、3回（2009）

(12) 国際取引の基礎

　　一般社団法人 GBL 研究所主催・GBL 国際法務研修基礎セミ
　　ナーコースC第4回（2009）

12　共同受託調査研究

(1) 通商産業省委託調査

　　訴訟リスク ── 平成11年度グローバリゼーション円滑化研
　　究（海外活動調査）

　　三菱総合研究所（2000）

13 法律雑誌への寄稿等

⑴ 文献紹介「スーダンとサウジアラビアにおける私的外国投資の法制度」
国際商事法務 Vol. 13, No. 1（1985）

⑵ プロジェクトと法務
NBL428号（1989）

⑶ 企業法務からの期待
企業法学（商事法務研究会、1992）

⑷ 海外事業活動のリーガルプランニング
海外投融資（海外投融資情報財団、2000）

⑸ 社外取締役のネットワークづくり
取締役の法務89号（商事法務研究会、2001）

⑹ これだけは知っておきたい債権法改正のポイント —— 実務視点からの関心事項　グローバルな視点から
Business Law Journal No. 18（レクシスネクシス・ジャパン、2009）

⑺ グローバルビジネスロー・ゼミナール第1回〜第19回監修
Business Law Journal No. 18（レクシスネクシス・ジャパン、2008〜2009）

第2章　大学人としての人生

1　筑波大学社会人大学院

　私は、筑波大学社会人大学院の教授として採用された。私を筑波大学に引っ張ってくれた人は、ケンブリッジ大学に留学していた時に知り合った筑波大学社会人大学院の教授であった。筑波大学では、教員の採用については全学の人事委員会で審議する体制であり、私の採用も当該教授が所属の研究科を代表して説明者となった。私は、当時住友化学の法務部長であったが、京都大学博士（法学）の学位を取得し、その論文を基にした著書を刊行していたこともあって、よくぞこのような人材を企業から引き抜いた、と人事委員会で褒められたとのことであった。

　博士課程を設けるために必要な教員4人のうちの1人として必要であったとのことである。当時の同僚は、労働法、英米法、商法、民法、民事訴訟法、税法、知的財産法、国際私法、それぞれの分野において、著名な教授や助教授であった。

　私は、3年目に、経営・政策科学研究科企業科学企業法コース長、5年目に同研究科副研究科長、7年目にビジネス科学研究科長になった。いわば管理職としての責任は重かったが、本当に大学教授になって良かったと実感した。同僚の教授・助教授に恵まれて、実に楽しかった。筑波大学社会人大学院教授の間に、論文13本と著書5冊を書いて、国際取引法の分野で第一人者の地位を築くことができた。

　私を筑波大学に引っ張ってくれた教授は、同僚の教授・助教授の評判がよくなく、研究科長などにはなれなかった。私の昇進を妬んで、いろいろいじわるをされたことが記憶に残っている。大学教授は人徳がなければ務まらないと実感した。

　私が指導教授として3名の院生を担当し、博士号を取得させるこ

25

とができた。これら3名は、後に、筑波大学（私が定年で筑波大学を退職した後の後任として）、東海大学、一橋大学の教授となった。

　修士課程の院生と博士課程の院生は、いずれも社会人として働きながら筑波大学社会人大学院で学んだが、私が教えた院生は、その後大学の教員となった者は5名にのぼる。大学院の教員として教え甲斐があったと思っている。

　筑波大学とオランダのユトレヒト大学の間には法学の教員間で人事交流が行われていた。私は、1999年在外研究のために3か月間、ユトレヒト大学法学部私法研究所に滞在し、ユニドロワ国際商事契約原則、ヨーロッパ契約法原則、それぞれの作業部会のメンバーであるハートカンプ（Arther Hartkamp）教授、ホンディウス（Ewoud Hondius）教授と交流した。

　このような両原則があることを知ったのはその時が初めてであった。書店で必要な専門書を買って持ち帰った。法学部の教授達（法学部長は女性）はとても親切で、教授会が終わった後、皆でお茶会をするのが慣例になっているそうだったが、私もそこに呼ばれて歓談した。ユトレヒト大学に滞在した成果として、2006年11月、国際契約法の専門書として、国際物品売買契約に関する国連条約、ユニドロワ国際商事契約原則およびヨーロッパ契約法原則を分析・整理した「国際契約法」と題する本を大学教育出版から刊行した。このような本は未だ出版されたことはなく、非常に評判になった。

2　筑波大学社会人法科大学院

　社会人法科大学院の設置場所に関しては、筑波キャンパスの教員、学長、副学長、法学の教員はこぞって、筑波キャンパスに設置すべきであると主張するが、東京キャンパスのすべての法学教員は東京キャンパスに設置すべきであるとし、双方の綱引きが激しく行われた。

　東京キャンパスの法学教員の主張は、筑波キャンパスでは入学希

望者が集まらないが、東京キャンパスであれば、多くの入学希望者が必然的に集まるということであった。私は、当時、社会人大学院のビジネス科学研究科長を務めており、筑波キャンパスの学長以下の教員に対し、無知もはなはだしく、冷静な判断を欠いているとして、猛烈に反対した。幸いにも、文科省は、社会人法科大学院の必要性をよく理解していた。当時、文科省から筑波大学の本部の企画課に出向していた企画課長を通じて、文科省の判断を確認することができた。このような状況下、筑波大学社会人法科大学院の設置は東京キャンパスに決定した。私は文科省の担当部局に筑波大学社会人法科大学院の計画の説明に行ったが、難なくパスすることができた。

　当時、私は弁護士登録をして東京弁護士会に入会していた。法科大学院の教員には弁護士を採用することが必要であり、私が東京弁護士会の副会長と顔見知りであったので、東京弁護士会から、刑法、民法などの教員を採用することができた。

3　明治学院大学

　筑波大学を定年で退職した後、明治学院大学の法学部教授に着任した。当大学の学生は、いわゆる良き家庭の子供達であり、女子学生の方が優れており、教員にとっては恵まれた環境であった。当大学はミッションスクールであり、その面においても特徴があった。5年間の務めであったが、よき大学に赴任できたと思っている。

　最後の1年間、学長補佐に任命された。地域連携担当で、地域連携室を所管し、3名の職員が配属されていた。元事務局長、次長および企画部部員の3名が私の手足となってよく働いてくれた。地域とは、メインキャンパスのある東京都港区の区役所と、当大学の卒業生である島崎藤村の関係で縁がある小諸市の市役所である。私にとっては、このような経験は初めてのことで、最初はいささか戸惑ったが、貴重な経験だったと思っている。

小諸市役所には定期的に訪問し、企画課長と会合をもち、市長に面会した。港区役所とは、年配の区民を対象とする「チャレンジ大学」を開講していたので、区役所の担当職員と面談したり、チャレンジ大学の区民との懇親会に出席した。チャレンジ大学の卒業式には、学長補佐として出席した。また、東京都港区立区民センター指定管理者候補者選考委員会委員長に任命され、2008年4月から2009年3月まで務めた。

　学長補佐に選任してくれた当時の学長は、事務方の職員に対して人使いが荒く、極めて不人気で、このため学長再任の選挙で完敗した。私は、学長は非常に有能だとは思っていたが、再選されなかったのは残念であった。学長は、再任されたら、私に環境学部の創設を頼む予定であった、と言って残念がった。学長が再任されたら、少なくとも後2～3年間は明治学院大学に在籍したと思われる。

4　筑波大学監事

⑴ 筑波大学の役員

　国立大学の監事について文部科学省は以下のように解説している。

監事機能の強化について

1. 監事制度の概要等

監事制度の概要

　監事は理事の業務執行を監査する機関であり，学校法人の管理運営を適正に行うために極めて重要な役割を果たすものである。

　民法第1編第2章に定める法人においては，監事の設置は任意事項とされているが，学校法人については，学校法人がその公共性を担保し，学校経営主体としてふさわしい法人となるよう監事を必ず

２人以上置かなければならないとしている。

　また，監査機関としての性質上，監事は各自単独でその職務を行うことができるものであるが，共同して職務を行うことも可能である。

監事の職務

　監事の職務としては，１学校法人の財産の状況を監査すること，２理事（理事長を含む）の業務執行の状況を監査すること，３学校法人の財産の状況又は理事の業務執行の状況について監査した結果不整の点のあることを発見したとき，これを所轄庁または評議員会に報告すること，４報告をするために必要があるとき，理事長に対して評議員会の招集を請求すること，５学校法人の財産の状況又は理事の業務執行の状況について，理事に意見を述べることが私立学校法に掲げられている。

　「財産の状況の監査」とは，法人の帳簿，書類を閲覧・調査し，現金，有価証券，債権，不動産等の資産や負債についてその状況を調査することを指し，理事等に対し財産の状況について報告を求めることも可能とされている。

　また，「理事の業務執行の監査」は，理事の内部的事務執行，対外的事務執行のすべてに及ぶものであり，定期的監査のほか，臨時的に行う監査も可能とされている。

　「不整の点」とは，理事の職権濫用行為，法令の規定違反等の不正行為が含まれるが，「不正」より広義と解されており，実質的に見て法人の公益目的に反するような行為も含まれるとされている。

　なお，監事の職務については，例示規定であり，上記の内容に限定されるものではないとされている。

監事の選任等

　監事については，１理事又は学校法人の職員（当該学校法人の設置する私立学校の校長，教員その他の職員を含む）と兼ねてはなら

ないこと，２各役員（監事及び理事）の配偶者又は三親等以内の親族が一人を超えて含まれることになってはならないことが定められている以外には，特段法令上の規定は設けられておらず，その選任，解任，辞任の手続や任命権者については各学校法人の判断に委ねられている。また，監事と評議員との兼職は禁じられていない。

実態としては，最低数の２名となっている法人が多く，大学法人では約８割に上っている。また，勤務形態としては，非常勤がほとんどであり，監事全員が非常勤である割合は，大学法人で９割を超えている。

２．監事機能の強化に当たっての基本的考え方

学校法人が，様々な課題に適切に対処しつつ，安定した学校運営を行っていくためには，理事機能の強化と併せて，学校法人の公共性及び運営の適正性を確保するための機関である監事機能の強化を図ることが必要である。

監事機能の充実のためには，監査すべき内容の明確化や監査を支援する仕組みの構築等により，実効ある監査が行われるようにすることが必要である。また，監査の実効性や客観性を高める観点から外部性の強化を図ることが必要である。

３．具体的改善方策

- 監事の監査の範囲及び内容が必ずしも明確でないため，一定の指針等を示すことにより明確化することが必要である。また，監査報告書の作成，評議員会への報告，外部への閲覧を行うこととするとともに，監事が理事会・評議員会へ出席するようにすることが適当である。
- 監事の監査を支援する観点から，各学校法人において，理事長等から監事に対して定期的に学校法人の運営状況に関する

情報を提供したり，必要に応じて支援のための事務体制を整備したりすることが必要である。

▪ 監事の理事会・評議員会からの独立性を高めるとともに専門性を高める観点から，監事の選任要件における外部性の強化及び評議員との兼職制限が必要である。また，監事の選任は監査される側である理事会のみで選任するのではなく，例えば理事会が推薦し，評議員会の承認を得た者を任命する等の手続とすることが適当である。

監事の職務の明確化等

現在，監事については「学校法人の財務の状況」及び「理事の業務執行の状況」について監査することとされているが，これらの範囲及び内容が必ずしも明確でないため，必要な監査が十分に行われていなかった場合もあると考えられる。このため，監査すべき範囲及び内容について指針を示すこと等により明確化することが必要である。なお，指針等の策定に当たっては，設置する学校の種類や法人の規模等による違いにも配慮することが求められる。

「学校法人の財務の状況」及び「理事の業務執行の状況」を監査するということは，学校法人の運営全体が対象となるということである。したがって，監査の範囲は財務にかかわる部分に限られるものではなく，学校法人の業務の中心である学校の運営に関しても対象に含まれることとなる。個々の教育研究内容に立ち入ることは適当ではないが，学部・学科の新増設や教育・研究における重点分野の決定，学生・生徒の募集計画等の教学的な面についても対象とすることが求められる。

監査の内容としては，予算決定や中長期計画の策定（学部等の設置，学内事務体制の見直し，施設設備の整備等）に対する意見陳述，外部監査において指摘された事項の改善状況や事業計画の達成度の確認などが考えられる。また，適法性の観点だけにとどまらず，法人の運営上明らかに妥当ではないと判断される場合には指摘

をすることも必要である。なお，監事は理事会の決定自体に参画するものではないことについて留意が必要である。

　監事による監査をより実効あるものとする観点から，評議員会が監事の監査状況について確認できるようにするため，監事の職務に監査報告書を作成することおよび監査報告書を理事会・評議員会へ提出することを加えることが適当である。また，当該監査報告書については，理事長において財務諸表とともに所轄庁へ提出するようにするとともに，財務諸表とともに閲覧に供するように措置することが適当である。

　さらに，監事が学校法人の運営状況について十分に把握し監査の実効性をより高めるとともに，役員として学校法人の運営に参画する観点から，監事が学校法人の運営に関する意思決定等が行われる場である理事会および評議員会へ出席するようにすることが必要である。ただし，様々な事情等により全ての理事会及び評議員会に出席することが困難な場合も考えられることから，少なくとも理事会については必ず出席することとなるよう措置することが適当である。なお，理事会，評議員会いずれにおいても，監事の議決権はないものとすることが適当である。

　また，監事が行う財務の状況に関する監査をより充実させる観点から，私立学校振興助成法に基づき公認会計士が行う会計監査との連携を図ることが重要である。たとえば，監事は必要に応じ公認会計士が行う会計監査に立ち会うようにする等の取組を各学校法人において推進することが求められる。

監事の職務執行の支援

　実効ある監査を行うためには監事が常勤であることが望ましいが，非常勤の監事であっても十分な監査ができるよう，各学校法人において監事の監査を支援するための様々な態勢を整備することが求められる。

　具体的には，非常勤の監事や外部から登用された監事が学校法人

の運営状況について十分に把握できるようにする観点から，理事長等から監事に対して定期的に業務執行状況を報告するようにすることが適当である。

また，規模の大きい法人などにおいては，監事のみの対応では十分な監査が難しいと考えられることから，規模等に応じ監事の下部機関として特別の事務組織を整備することや監事の職務を支援するための職員を配置する等の支援態勢を整備することが望ましい。

さらに，監事の役割について十分に理解してもらうため，私学関係団体等において監事に対する研修会を開催するなどの取組を支援することも必要である。

監事の選任基準等

監査についての専門性を高めるとともに，監事が遠慮することなく意見を言えるようにする観点から，外部性を高めることが重要である。このため現行の「法人の理事，職員との兼職禁止」という要件に加えて，たとえば，監事のうち少なくとも1名は就任時または過去数年間において当該法人の理事または教職員でなかったものを選任するようにすることや，財務管理，事業の経営管理その他法人の行う業務の運営に優れた識見を有する者を選任するようにすることなどが考えられる。

また，評議員会からの独立性を確保する観点から，評議員と監事の兼職を禁止するよう措置することが適当である。

任免手続，任期

現在は，監事の任免に関する手続や任期等について法令上の定めはなく，各学校法人の判断に委ねられているが，各学校法人において監事の任免の手続や要件に関する規定が整備されていない場合，たとえば監事の解任に当たり手続上の瑕疵（かし）や不当な解任理由を問題とする訴訟等が生じる可能性が懸念される。

また，理事の業務を監査する監事を理事会や理事長のみにより選

任することは監査を受ける者が監査する者を選ぶという点で疑問が残る。

このため監事については，たとえば理事会が推薦し，評議員会の承認を得た者を理事長が任命することとするなど，監事の選任手続について評議員会が一定の関与をすることとすることが適当である。

また，監事の解任，辞任に関する手続及び任期に関する規定についても，各学校法人において寄附行為等により定めを設けるよう措置することが適当である。ただし，具体的手続や要件，任期については，各学校法人それぞれの有する事情や法人の規模により様々な在り方が考えられることから，各学校法人に委ねることが望ましい。

　私は、当時の筑波大学学長から懇請されて、監事（非常勤）になった。筑波大学の教員として、筑波大学の内情に精通していることが評価されたようであった。監事は、筑波大学の役員であり、学長と同様に、文科大臣により任命される。

　監事の業務は、毎週定期的に開催される、学長、副学長、研究科長および事務局長、各部長から構成される会合に出席し、意見を述べることである。また、日常の業務として、各学部、各研究所等の各部局および各副学長が担当する事務部の監査を定期的に実施することであり、さらに各付属学校の校長に対し定期的に監査を実施することである。

　このような定期的な監査を実施するために、非常勤ながら、週1～2回は大学本部にある監査室に通うことが必要であり、想像していた以上に多忙であった。6年5か月、監事の業務を務めたが、貴重な体験であったと同時に、筑波大学の内情に精通した経験を活かして、筑波大学の運営に貢献できたと思っている。

第3章　研究者としての人生

1　研究の方向・方針

　研究の方向・方針をどのように定めるかは、研究の成果につながるだけに難しい問題である。私は、以下のように、国際取引法は国際的な分野におけるビジネス・ローであり、その観点から、研究の方向・方針を定めることとした。

　まず、ビジネス・ローに関して、以下のように考えている。

(1)　ビジネス・ローの基本原則

　国際取引法は、英語で International Business Law であり、企業のグローバルな事業活動にかかわるビジネス・ローの主たる分野である。

　ビジネス・ローとは何か、あるいはその範囲や対象はいかなるものかといった、定義や定説は存在しないし、そのような必要性はないといってもよい。ビジネス・ローとは、主として企業および企業の事業活動にかかわる法規範のすべてが含まれるという、包括的な概念を前提として議論を進める。

　まず、ビジネス・ローは多様な法規範を対象としているが、ビジネス・ローが依拠する基本原則はどのようなものであろうか。

(a)　信義誠実と公正取引の原則

　信義誠実の概念は、わが国を含め大陸法の法制度の共通の核心に属し、そして米国の統一商事法典（UCC）および判例法の体系であるリステイトメントやオーストラリアのような他のコモンロー制度によっても認識されている。

　また、国際物品売買契約に関する国連条約（CISG）や各国契約法の国際リステイトメントといわれるユニドロワ国際商事契約原則

35

において、信義誠実（good faith）と公正取引（fair dealing）の原則は重要な地位を占めている。当事者は国際取引における信義誠実および公正取引の原則に従って行動しなければならないとされている。信義誠実の概念が公正取引の原則とともに用いられており、当事者の行動が主観的な基準やそれぞれの国内法制度の基準に従って評価されるのではなく、国際ビジネスにおいて見いだされる客観的な基準、つまり市場における公正さの基準に従って評価されるべきことが明らかにされている。

信義誠実と公正取引の原則の具体的な機能は、例えば契約関係においては次のように考えられる。

第1に、すべての契約は信義誠実と公正取引に従って解釈しなければならない。当事者の意図が明らかでない場合、裁判所は合意の文字どおりの条項によるのではなく、合理的な当事者が契約に与える意味に従って契約を解釈するべきである。第2に、信義誠実と公正取引は補充的な機能を有する。契約または制定法において明示的に規定されていない補充的な権利・義務が当事者間に生じうるが、信義誠実と公正取引により黙示の条項として当事者の権利・義務が補充される。第3に、信義誠実と公正取引は制限的な機能を有する。当事者を拘束し、契約の文言においてまたは制定法により規定されるルールは、その効果が信義誠実と公正取引に反する範囲においては適用されない。このような制限的機能は、事情変更における契約の適合、不合理な契約条項の抑制などの法理を生み出したといわれている。

このように信義誠実と公正取引の原則は契約関係のみならずビジネスを規律する基本原則であり、ビジネス・ローの中核の基本原則と考えられる。

(b) 公正取引と公正競争の原則

ビジネスにおける公正な取引は、当事者間で公正な競争が行われる環境が確保されていることが前提である。公正な取引は、公正な

競争なくしては成り立ちえない。市場主義経済の下ではビジネスにおける競争がその本質的要素であるが、市場に任せていては公正な競争を確保することはできない。公正な競争の場は、当事者間の関係によってではなく、ビジネス・ローの介入により設定することが可能となる。この意味においてビジネス・ローはビジネスを規律するルールであるといえる。当事者間における公正な取引は、このような競争環境において公正な競争を行うことにより達成することが可能である。公正取引の原則は、公正競争の原則を前提とした両者不可分の関係にあると考えられる。

(c) ビジネス・ローの指導理念と社会的役割

　ビジネス・ローはビジネスにかかわるルールを対象とするが、これはビジネスを規律するルールとビジネスを形成・運営するルールに大きく分けられる。

　ビジネスの担い手である企業の事業活動は海外の子会社や関連会社を通じて世界に及んでおり、ビジネスは国境を越えた国際性を本来的に有している。この意味においてビジネス・ローは国際的な性格をもつものであり、その指導理念もグローバルな視野で、つまり国内社会のみならず国際社会に通用するものでなければならない。

　このような指導理念は次のように考えられる。

　第1は、論理性と合理性であり、ビジネス・ローの考え方はビジネスの内外において論理的な思考方法と合理的な判断基準に基づいていなければならない。第2は、ルールの遵守と社会的妥当性であり、ビジネス・ローに基づくルールは、国内・国際社会に通用しうるものであることが必要である。ビジネス・ローは国内・国際社会における社会規範との共通基盤をもつ存在である。ビジネス活動は社会規範の上に存立している。社会規範は社会的妥当性として体現されるが、ビジネス活動は社会的妥当性に裏付けられたものでなければ持続しえないからである。第3は、公正と信頼であり、ビジネス・ローによるルールは、ビジネスの内外から公正かつ信頼しうる

と評価されるものでなければならない。第4は、ビジネス・ローが
構築するルールは、計画性と創造性を有するものであり、国内・国
際社会に貢献しなければならない。

(2) ビジネス・ローの対象領域

　ビジネス・ローが対象とする領域は、ビジネスにおける企業およ
びその事業活動の法的側面であり、いわゆる企業法務と呼ばれてい
る。企業法務にかかわる人は、直接の担い手である企業の法務部
門、企業法務の案件を担当する弁護士や企業法務を研究の対象とす
る研究者などであるが、主たる担い手は企業の法務部門である。

　まず、企業の法務部門は現在どのような法律業務を取り扱ってい
るのであろうか。

　いかなる企業も国内の事業活動から発展していく過程をたどる以
上、法務部門の本来の領域は国内法務業務にあったが、わが国企業
の国際化は、外国企業のわが国市場への参入、通商問題、規制緩和
等に応じて国内においても急速に進んでおり、この意味において国
内法務業務も変容しつつある。企業活動のグローバル化が進展すれ
ば、企業は各国の法制度とその運用問題に直面する。そのグローバ
ル化の進展段階に応じて、国際法務業務がカバーする範囲は地理的
に格段に拡がるとともに、その内容においてますます多様化・複雑
化している。

　通常の事業活動に伴って生じる契約問題あるいは一般プロジェク
トについては、法務部門は国内、海外ともわりと早い段階から参画
しているのが通常である。

　国内における買収、合弁、提携等、海外における買収、合弁、投
資、現地法人設立、提携等、企業の事業活動に重要な影響を及ぼす
重要プロジェクトについては、常に法務部門の参画が要請されてい
る。法務部門は企画立案の早い段階から積極的に参画し、企画部門
や事業部門等とともに主導的な役割を果たすべきである。とりわけ
海外においてはその必要性はきわめて高いが、国際法務業務におけ

38

第3章 研究者としての人生

る力不足のせいか平均的にはその参画の程度と主導力は必ずしも満
足しうるものではない。

　国内における取引関係、知的財産、環境、消費者問題、雇用・労
災、会社法関係等、海外における取引関係、知的財産、製造物責
任、アンチダンピング、雇用関係、競争法等にかかわる紛争・訴訟
については、法務部門が紛争発生部門に対して完全なリーダーシッ
プをとり、全社的な問題として迅速に対応すべきである。コンプラ
イアンスや内部統制システムについては、国内、海外とも法務部門
が主導することが期待されている。

　ビジネス・ローは、このような企業法務の法律問題を取り扱うの
で、その対象とする法領域は、国内関係では、物権法、債権法等の
民法、知的財産法、会社法等の商法、独占禁止法、環境法、消費者
法、労働法などであり、海外関係では、国際取引法、国際私法、国
際民事訴訟法、さらに、代表的にはアメリカ法、EU 法等の各国法
や条約における契約法、知的財産法、競争法、通商法、環境法、消
費者法、労働法、会社法など多岐にわたることになる。

(3) ビジネス・ローの研究
(a) 研究の対象領域

　ビジネス・ローの対象とする法領域は幅広くかつ多岐にわたって
いる。ビジネス・ローの研究者は、研究の対象として特定の分野を
主たる専門分野とするだけでは不十分であり、さらにこれにつなが
る第2の専門分野、第3の専門分野を自らの専門的研究の対象とし
て設定することが必要である。これらの分野を有機的に研究するこ
とがそれぞれの専門分野の研究を進化させるために不可欠であると
考えられる。

(b) 専門的研究と比較法的研究

　ビジネスがグローバル化している環境下では、ビジネスを規律す
るルールおよびビジネスを形成・運営するルールもグローバルに通

39

用することが必要であり、ビジネス・ローの研究は必然的にグローバルな性質をもっている。法学の研究には比較法による考察が必要という、単なる研究方法の意味においてのみならず、グローバルなルールとしての通用性をもつためには比較法の視点からの研究が不可欠である。また、比較法的研究ということは、グローバルには至らないルールや法は考慮しないというのではなく、いわばローカルなものについてもその価値を認識し、併存させる必要があるということである。

(c) 専門的研究と領空侵犯的研究

法学の研究者は、とかく自ら設定した専門分野に狭く閉じこもりがちである。ビジネス・ローが多様で幅広い法領域を対象とする以上、特定分野における専門的研究もその分野内で完結することはありえない。必要に応じて自在に関連分野に領空侵犯して研究領域を広げる必要があると考えられる。このような領空侵犯的な研究ができなければ、特定分野の専門的研究には限界が生じてくる。研究テーマによっては、関連分野における研究も専門的研究からのアプローチなくしては成り立ちえない場合もある。

(d) 学際的研究と専門的研究

ビジネス・ローは、ビジネスを規律するルールあるいはビジネスを形成・運営するルールを探求する法であるから、ビジネスに直結している。ビジネス・ローの研究にビジネスからの視点を欠かすことはできない。この意味においてビジネスにまたがる学際的研究は、ビジネス・ローの特定分野における専門的研究を深めるために不可欠であると考えられる。また、ビジネス・ローの研究者は、あらゆる機会をとらえてビジネスの実際の姿を知るべく努力するべきである。

2 リーガルプランニング

　上記のようにビジネス・ローの概念を整理した上で、国際取引法の研究方法として、リーガルプランニングの概念を設けることとしている。

(1) ビジネス・ローの方法論としてのリーガルプランニング

　厳しい社会的・法的環境の下でグローバルな事業を展開する企業は、ビジネス面におけるプランニングをサポートするリーガルプランニングを必要としている。ビジネス・ローは、ビジネスを規律するルールとビジネスを形成・運営するルールから成り立つが、これらのルールを探求するための方法論としてリーガルプランニングの考え方が有用であると考えられる。

　企業法務の担い手である企業の法務部門は、その機能を臨床法務、予防法務、戦略法務と進展させてきたが、これまでに開発してきた手法と目的をリーガルプランニングという考え方で再構築し、さらにこの考え方に沿って新たなものを加えるならば、ビジネスにおけるプランニングに対応するリーガルプランニングの機能が明らかになり、これをビジネス・ローの方法論として位置づけることが可能になると考えられる。

　さらに、企業法務の企業経営への貢献に対する期待に呼応して、経営における創造性につながるリーガルプランニングの考え方を企業の法務部門の機能の中心に据えることができれば、ビジネス・ローの方法論としてのリーガルプランニングの機能は、現代のそして将来の企業の法務部門のあり方を導くことになると考えられる。

　このリーガルプランニングは、次のような3つのアプローチによりその性格と機能を明らかにすることができる。第1は、ビジネス的アプローチであり、企業活動におけるビジネスの目的に対応して、その目的に貢献するような法的戦略と法的枠組みを考案し、実行するという、ビジネスの視点から法的課題に取り組む。

第2は、比較法的アプローチである。現代の企業活動はさまざまな局面において国境を越えてグローバル化しており、ビジネスがかかえる問題は絶えずグローバルな視点から検討する必要に迫られている。したがって、ビジネスにおける法的問題も1つの国の法制度ないし法システムという枠内のみでは解決策を見いだすことは困難であり、多くの他国の法制度・法システム、さらには国際的な法システムないしルールを考慮に入れることが必要である。

第3は、法政策的アプローチであり、企業活動を取り巻く法制度やルールの動向を見通して、その問題や解決策に関して社会に向けて提言する。このアプローチは、上記のビジネス的アプローチや比較法的アプローチの延長線上にあり、国際的な視野の中で法政策的な課題に取り組むものである。

それでは、リーガルプランニングは実際にどのように展開され、どのような機能を果たすことができるのであろうか。国際取引関係の構築および国際取引関係のリスクという2つの局面を取り上げて検討する。

(2) 国際取引関係構築のリーガルプランニング

(a) 取引関係構築のリーガルプランニング

まず、企業の基本的活動である「取引関係の構築」を例として検討する。

リーガルプランニングとは、ビジネスのポリシーの設定および事業計画の立案からその実行に至るすべての事業活動の法的側面において、立案、交渉、履行と紛争、そして次の立案へとつながる一連の活動を意味しており、リーガルプランニングの機能と性格を「取引関係ないし契約関係の構築」に当てはめると次のように述べることができる。

①フレームワークの設計

企業の事業活動は、さまざまなビジネス上の取引関係となって具体化する。取引関係の法的な投影は当事者間における契約関係であ

第3章　研究者としての人生

るが、この契約関係は多くの要素から構成されており、本来的に多様である。この契約関係をビジネスの目的に従ってどのような内容とするか、すなわちどのような法的フレームワークを構築するかがリーガルプランニングの第一の目標である。

②新たなビジネス関係の創造

　フレームワークの設計は、単に事業活動のための器を用意するということではなく、事業活動を促進し、実現するために適切な基盤ないし枠組みを設けるものである。それは、1つの事業活動の実現を通じて新たなビジネス関係の創造を目指しており、リーガルプランニングは、法的な観点から企業の積極的な事業展開を可能とする契機を提供することに目標がある。

③拘束力と強制力による実行

　さまざまな取引関係は、当事者間における契約締結によりそれぞれの契約関係、つまりフレームワークが構築されるが、それは当該契約の法的拘束力によって担保されている。当事者は契約上の義務を履行しなければならず、その違反に対して、相手方は仲裁または訴訟を提起することによって履行を強制または損害賠償を請求することができる。

④計画に対する成果の評価

　契約締結時におけるフレームワークの設定という計画がどのように達成されたかどうか、また目的とする事業活動に適切なものであったかどうかなど、その成果が一定の時点で評価されなければならない。このような客観的な評価は、契約関係の当事者が途中で軌道を修正する、あるいは相互間の紛争を解決するためにも有用である。

⑤成否の果実のフィードバックと活用

　企業は、他の数多くの企業とさまざまな取引関係を数多く構築している。グローバルに事業を展開する企業にその典型がみられる。1つの取引関係から得られる成果は、それが成功であればもちろんのこと、たとえ失敗であっても当該取引関係自身に、また他の取引

43

関係や新たな取引関係にフィードバックして活用することが可能である。むしろ、契約締結時点におけるフレームワークの設定による計画は、当該企業のそれまでの数多くの取引関係から得られた知見とノウハウに基づいており、この意味における循環的創造性はリーガルプランニングにおける本来的な性格の１つである。

(b) 事業関係構築のリーガルプランニング

次に、「事業関係の構築」の例として、企業が内外において事業活動の積極的な展開を図ろうとして、他の企業と手を結ぶための提携関係に入る場合を取り上げ、リーガルプランニングの機能を考えてみる。

①フレームワークの設計

他企業との事業提携にはさまざまな選択肢がある。法的な観点からは、純粋契約型提携、少数資本参加型提携、ジョイントベンチャー型提携に大きく分けられる。さらにジョイントベンチャー型提携は、パートナーシップ型ジョイントベンチャー（有限責任の有無により、一般パートナーシップ型、有限責任パートナーシップ型あるいはメンバーが経営する有限責任会社型）、コーポレート型ジョイントベンチャー（マネージャーが経営する有限責任会社型と株式会社型）に分けられる。ビジネスの観点からは、事業の段階に応じて、研究開発提携、生産提携、マーケティング提携、生産・マーケティング提携、研究開発・生産・マーケティング提携に分けることができる。

事業提携の目的と性格、パートナーとの関係などを考慮して、どのような形態を選択すべきか、各形態のメリット・デメリットを慎重に検討して決定する必要がある。提携関係の目的を達成するのに最も適した形態を将来の事業活動の戦略に沿って長期的な観点から選択する必要がある。

②新たなビジネス関係の創造

事業提携の基本的な形態が決まれば、その器の中でどのような提

第3章　研究者としての人生

携関係を当事者間で構築するのか、パートナーとなる相手方との交渉を通じて、具体的な契約関係に入る必要がある。たとえば少数資本参加型提携の場合、どのような事業で提携するのか、提携から期待する利益は何か、出資比率はどれぐらいか、取締役は派遣するのか、提携関係を解消する場合の手続と解消後の関係はどうするのかなどである。提携の内容が提携契約に織り込まれることにより、新たなビジネス関係が創造されることになる。

③拘束力と強制力による実行

　事業提携契約は、当事者の提携事業に関する権利・義務とともに、提携事業の内容を定める。例えばコーポレート型ジョイントベンチャーの場合、事業提携契約であるジョイントベンチャー契約は、合弁会社として有限責任会社または株式会社を設立し、その事業内容や運営の仕方とともに、メンバーまたは株主としての権利および義務を定める。提携の当事者は、事業提携契約に従って、すなわち契約に基づく拘束力の下で提携関係を構築し、提携事業を運営することになる。

④計画に対する成果の評価

　提携関係は、提携契約の締結時点で当事者の利害が一致していても、当事者それぞれの事業における変化、さらに提携事業をめぐる変化は、時間の経過とともに激しくなる。提携関係は、本来的に不安定な要素を内包しているともいえる。しかし、そのような変化に対応できる当事者の事業戦略と提携事業から得られる利益があるならば、提携関係という戦略は、当事者の事業活動に大きな成果をもたらす可能性がある。この意味で提携契約においても、当初の提携計画を定期的に評価し、例えば新たなパートナーを受け入れる、あるいは提携事業の内容の見直しや軌道修正が必要である。

⑤成否の果実のフィードバックと活用

　現代のビジネスにおいては、企業は数多くの企業とさまざまな提携関係に入っているのが通常である。１社単独で内外における激しい競争に生き残ることは難しく、緩やかな提携関係も企業グループ

の中に取り込んでいる。激しい競争環境下ではすべて提携関係が当初の計画どおりに成功に至るわけではない。1つの提携関係の成功あるいは失敗の教訓は、次の新たなる提携関係に生かすことができる。提携関係の数が多くなればなるほど、それらの教訓や知見は、ノウハウとして新たな価値を創造すると考えられる。ここでもまた、リーガルプランニングの創造性が発揮されることになる。

(3) 国際取引関係におけるリスクとリーガルプランニング

前述の国際取引関係構築のリーガルプランニングとは異なる視点、すなわち、さまざまな国際取引関係が有する固有のリスクに焦点を合わせ、そのリスクにどのように対処するかという視点からリーガルプランニングの機能を検討する。ここでは2つの事例を取り上げる。

(a) 国際技術ライセンスにおけるライセンサーによる許諾技術保証義務のリスクとリーガルプランニング

①ライセンサーによる合理的な保証

国際技術ライセンスにおいては、円滑な技術移転の観点から、許諾技術の保証についてライセンサーの義務はどのように考えるべきであろうか。ライセンサーの責任は、原則としてその収入の範囲内で負うとすることが国際技術ライセンスの目的およびライセンサー、ライセンシー両当事者の目的に適うところである。

②ライセンサーによる性能基準達成のプロセスと性能基準未達成の責任

ライセンシーの新しいプラントにおける試運転を繰り返しても、ライセンサーに起因して性能基準を達成できなかった場合にライセンサーの責任はどうように考えるべきであろうか。

試運転の上限回数を定めておいてそこで試運転を打ち切り、ライセンシーの損失をなんらかの形で補償する。ライセンサーとしては、この段階に至るまで円滑な技術移転に最大限の努力を尽くした

第3章　研究者としての人生

以上、国際技術ライセンス契約上の義務は金銭的な損害賠償義務に転ずるとすべきである。しかし、上記①で述べたようにライセンサーの責任はその収入の範囲内に限定することを考える必要がある。ライセンサーの責任を限定するには、一般的に損害賠償額の予定として構成する方法が考えられ、具体的には金額的に最高額を設定する方法とロイヤルティを減額する方法がある。

(b) 国際合弁会社におけるデッドロックのリスクとリーガルプランニング

　共同事業者は、その持株比率に応じて合弁会社の取締役を指名する権利を有する。合弁会社の取締役会における重要な意思決定事項については決議要件が加重されており、共同事業者は、少数株主であっても会社の意思決定を左右することができる。共同事業者が、合弁会社の経営に関してそれぞれの利害をその指名する取締役を通じて妥協することなくあくまでも主張する場合、合弁会社の取締役会は分裂してデッドロックに乗り上げる。取締役会におけるデッドロックは、株主総会に舞台を移しても同じデッドロックをもたらす。このような共同事業者は、株主総会においても同様の加重決議要件や拒否権を留保している。このようなデッドロックに対処する方策は考えられるであろうか。

①スウィングマンの権限

　当初から取締役の数を奇数にし、そのうちの1人を最終的な決定を下す取締役として双方の共同事業者が受け入れることのできる公平なアウトサイダーにする。しかし、実際問題としてかかる強大な権限を与えるに値するようなスウィングマンを見いだすことはきわめて困難である。

②最高経営責任者の権限

　取締役会のデッドロックが、合弁会社のビジネスの継続または財産の保全にとって重要な問題にかかわる場合や、共同事業者がある特定の分野で衝突する可能性が予期される場合には、最高経営責任

者は合弁会社としての意思決定を行うことができる。

　しかし、このような最高経営責任者の意思決定は、後で常に反対の共同事業者によって吟味されるものであり、その責任が追及されることがありうる。最高経営責任者は結果として少なくとも共同事業者または取締役の過半数によって受け入れられるようなコースに合弁会社を導くことになり、一見幅広い最高経営責任者の権限もこの意味において制限されたものとなる。さらに、最高経営責任者は、一方の共同事業者の仲間であって仲裁人としての地位を欠いており、他方の共同事業者の観点からはもちろんのこと、最高経営責任者にかかる重大な権限を与えることが実際的に困難な状況にあるのがしばしばである。

③仲裁人の起用

　ジョイントベンチャー契約における仲裁の対象にデッドロックとなる事項が含まれることを明記して、公平な立場にある第三者を仲裁人として起用する。

　しかし、ビジネスの基本的ポリシーのような論争が果たして仲裁になじむものか、また第三者がそのような論争について対立する共同事業者に受け入れられるような解決策を提示することができるのか疑問であり、仲裁は、経営方針の意見の不一致や事業戦略についての意見の相違の解決にはほとんどの場合役に立たない。

④共同事業者のトップマネジメント間の協議

　取締役会においてデッドロックとなった紛争は、共同事業者が自ら直接に協議し、ビジネス上の問題として解決に当たることが必要となる。すでに共同事業の実際の運営責任を担う者のレベルにおける妥協の試みは尽くされた後であるから、当該紛争は、共同事業者のトップマネジメント（最高経営責任者）間の協議に委ねられ、ジョイントベンチャー関係の存続の観点から大局的に判断されなければならない。このようなトップレベルでの協議は、当該共同事業に対する事業戦略というポリシーの観点から紛争解決を図るものとしてきわめて有効に働く可能性もあるが、最後の手段としていわば

48

第3章　研究者としての人生

政治的な妥協を図るものであり、必ずしも常に紛争解決に成功する
とは限らない。

3　京都大学の研修生制度

1990年当時、京都大学には、大学院を終えた研究者を対象とす
る研修生制度があった。私は、博士論文を書くことを目的に、この
研修生となり、4年間、顔見知りの川又良也教授の指導を受けた。
指導といっても年に1度、京都で川又教授と会食するだけであっ
た。4年の最後に、「企業の国際化と国際ジョイントベンチャー」
と題する原稿を、川又教授にチェックしてもらって修正し、博士論
文として提出する了解を得た。博士論文審査委員会は、川又教授の
他に2人の商法の教授が加わり、厳しい指摘もあったが、無事に一
発で合格できた。

この論文は、後ほど出版することが条件になっており、私は、
1994年、商事法務研究会より「企業の国際化と国際ジョイントベ
ンチャー」と題する著書を刊行した。

4　研究の成果

私の研究の成果は、以下のように論文と著書に分けられる。

主要論文

(1)　A Comparative Study of Statutory Provisions Relating to
　　Reconstructions between English and Japanese Company Law
　　ケンブリッジ大学（1975）
(2)　シンガポール会社法の改正
　　共著、国際商事法務 Vol. 13, No. 4（1985）
(3)　「有限会社法」改正試案を読んで
　　旬刊商事法務1085号（1986）

(4) 会社法務の現況と問題点
　　旬刊商事法務1204号（1990）

(5) 貿易障壁と競争政策（石油化学）
　　産業研究所（1992）

(6) 石油産業における競争の実態
　　産業研究所（1992）

(7) 企業の国際化と国際ジョイントベンチャー
　　京都大学（1994）

(8) 事業買収における売手・買手間のリスク配分のメカニズム
　　比較法学第28巻2号（1995）

(9) 事業買収における買手と環境責任の承継
　　比較法学第29巻1号（1995）

(10) アメリカ研究開発ベンチャービジネスへの出資とビジネス関係の創設
　　筑波法政第19号（1996）

(11) 現代における国際事業提携の変容に伴う問題
　　企業法学第5巻（1996）

(12) 国際事業提携におけるビジネスの機会に関する共同事業者の忠実義務
　　筑波法政第29号（2000）

(13) ネットワーク・ジョイントベンチャーにおける技術革新をめぐる競争法上の問題
　　筑波大学大学院企業法学専攻十周年記念論集「現代企業法学の研究」（信山社、2001）

(14) 事業提携における競争法上の問題
　　厚谷襄児先生古希記念論集「競争法の現代的諸相（上）」（信山社、2005）

(15) 信義誠実と公正取引の原則
　　明治学院大学法律科学研究所年報第21号（2005）

(16) フォーラム・ノン・コンヴィニエンス法理における実質的正

義

明治学院大学法学研究86・故水上千之教授追悼号（2009）

⒄　グローバルな視野で企業法務の機能を考える

Business Law Journal No. 12（レクシスネクシス・ジャパン、2009）

⒅　ウィーン売買条約の発効後における見直しのための条項例

Business Law Journal No. 12（レクシスネクシス・ジャパン、2009）

⒆　将来の履行不安に対するウィーン売買条約の救済方法

Business Law Journal No. 24（レクシスネクシス・ジャパン、2010）

⒇　債権法改正における「事情変更法理」の条文化に関する提案

Business Law Journal No. 32（レクシスネクシス・ジャパン、2010）

(21)　ビジネス・ローとともに

明治学院大学法学研究88（2010）

(22)　合弁会社の役員人事をめぐる紛争

NBL 974号（2012）

(23)　建物転貸借契約関係の法的性質をめぐる争い

NBL 988号（2012）

(24)　研究開発・製造販売提携関係における当事者の義務をめぐる争い

NBL 1002号（2013）

(25)　ライセンス契約における販売地域制限条項の契約満了後の有効性をめぐる争い

NBL 1020号（2014）

(26)　ディスカバリ手続中における電子的に蓄積された情報の削除をめぐる争い

NBL 1032号（2014）

(27)　医薬品製造物責任訴訟におけるディスカバリ手続違反および

懲罰的損害賠償をめぐる争い
NBL 1043 号（2015）

㉘ 国際事業提携契約関係における情報開示
国際取引法学会創刊号（2016）

主要著書

(1) 事業経営と有限会社の活用（商事法務研究会、1985）

(2) 企業の国際化と国際ジョイントベンチャー（商事法務研究会、1994）

(3) 現代国際取引法（商事法務研究会、1999）

(4) 国際事業提携　アライアンスのリーガルリスクと戦略（商事法務研究会、2001）

(5) グローバル企業法　グローバル企業の法的責任（青林書院、2003）

(6) 国際契約法（大学教育出版、2006）

(7) 国際知的財産法（有信堂高文社、2007）

(8) 国際取引法（有信堂高文社、2008）

(9) 国際売買契約　ウィーン売買条約に基づくドラフティング戦略（編著、レクシスネクシス・ジャパン、2010）

(10) 判例ウィーン売買条約（編著、東信堂、2010）

(11) グローバル企業法（東信堂、2011）

(12) 国際ジョイントベンチャー契約　国際ジョイントベンチャーのリスクとリーガルプランニング（東信堂、2013）

(13) 現代企業法務 1　国内企業法務編（編著、大学教育出版、2014）

(14) グローバルビジネスロー　基礎研修 1　企業法編（編著、レクシスネクシス・ジャパン、2015）

(15) 企業経営のための経営法学（大学教育出版、2021）

(16) 国際技術ライセンス契約　そのリスクとリーガルプランニン

第3章　研究者としての人生

　グ（東信堂、2021）

⒄　国際取引法　上巻（東信堂、2022）

⒅　国際取引法　下巻（東信堂、2022）

⒆　国際取引法講義（大学教育出版、2023）

⒇　国際取引法入門（信山社、2023）

㉑　企業経営のための経営法学　第2版（大学教育出版、2024）

㉒　国際事業戦略Ⅰ　国際買収　そのリスクとリーガルプランニング（大学教育出版、2024）

㉓　国際事業戦略Ⅱ　国際事業提携・国際ジョイントベンチャーそのリスクとリーガルプランニング（大学教育出版、2024）

㉔　国際事業戦略Ⅲ　国際知的財産　そのリスクとリーガルプランニング（大学教育出版、2024）

㉕　国際取引法要説（東信堂、2024）

　以下は予定である。

㉖　詳解国際取引法Ⅰ（大学教育出版、2024）

㉗　国際事業戦略第1部　国際買収関係法（東信堂、2024）

㉘　国際事業戦略第2部　国際事業提携・国際ジョイントベンチャー関係法（東信堂、2024）

㉙　国際事業戦略第3部　国際知的財産関係法（東信堂、2024）

㉚　グローバル企業法　第2版（東信堂、2025）

㉛　詳解国際取引法Ⅱ（大学教育出版、2025）

㉜　詳解国際取引法Ⅲ（大学教育出版、2025）

㉝　企業経営のための経営法学　第3版（大学教育出版、2026）

　以上のように、論文は2016年で終わっているが、2017年以降は著作に研究の力を注いでいる。2016年までは、論文を書いた上で、それらの論文を踏まえた著作を行っていたが、2017年以降は、直接、著作に向かうことにした。私の研究が総仕上げの時期に入ったからである。

　私の著作は、3つの分野に分けられる。まず、国際取引法であ

53

る。次いで、グローバル企業法である。最後に、企業経営のための経営法学である。

　私は、以上のような研究の成果を上げるために、母校のケンブリッジ大学、ロンドン大学、ユトレヒト大学、ワシントン大学、サンディエゴ大学、エール大学、ハーバード大学、ボストン大学の図書館に出向いて文献を調査した。特に、ケンブリッジ大学とハーバード大学の図書館には何度も出向いて、文献を調査し、研究の成果を上げることになったと思っている。

第4章　学会人としての人生

1　一般社団法人 GBL 研究所

(1)　一般社団法人 GBL 研究所設立まで

　私は、一般社団法人 GBL 研究所の設立に関して、以下のように
ホームページで述べている。

　　　一般社団法人 GBL 研究所は、国際的な企業活動に伴う関係
　　国の法律および法律実務の研究を目的とする研究者の団体であ
　　り、GBL とは Global Business Laws の略称であります。

　　　大学の研究者、企業法務実務家、弁護士の三者を結びつけ、
　　自由に行き来することができるような研究者の団体という構想は、
　　私がはるか昔、ケンブリッジ大学大学院でイギリス法を研究して
　　いた当時に浮かんだものであり、これを国際的なビジネスローの
　　領域に於いて実現できないものかと長い間温めてまいりました。

　　　この構想は、同じ志を抱く河村寛治教授とともに、賛同する
　　仲間を集めて、2009 年 3 月に一般社団法人として具体化する
　　に至りました。それ以来 GBL 研究所は、その活動領域をます
　　ます拡げております。

　　　このような目的と性格をもつ研究者の団体は、わが国におい
　　てはもちろん、国際的にも稀有な存在であり、グローバル・ビ
　　ジネスローに関する様々な研究活動を積極的に展開し、その成
　　果を内外の社会に発信し、ビジネスにかかわる法の発展に貢献
　　していきたいと考えております。

　　　GBL 研究所は、開かれた団体として運営されております。
　　私たちの活動にご賛同くださる方々にいろいろな形でぜひご参
　　加していただきたく願っております。

　　　一般社団法人 GBL 研究所　（元）理事・名誉会長　井原宏

(2) 一般社団法人 GBL 研究所の運営と役割

代表理事（会長）河村寛治

事務所　なし（バーチャルオフィス）

設　立　2009年3月6日

目　的　当法人は、国際的企業活動に伴う関係国の法律及び法律実務の研究を通じて、①国際的な法務実務家及び研究者の育成及び研修、②国際的企業活動実務及び国際的紛争解決手段の研究開発、並びに、③国際的企業活動に関与する実務家、研究者及びその他関心を有する者相互間の研究、連絡及び協力の促進により、国際的企業活動に関する法律実務及び研究の普及及び啓発を図ることを目的とするとともに、その目的に資するため、次の事業を行う。

1．国際的企業活動に伴う関係国の法律及び法律実務の研究
2．国際的な法務実務家及び研究者の育成及び研修
3．国際的企業活動実務及び国際的紛争解決手段の研究開発
4．国際的企業活動に関与する実務家、研究者及びその他関心を有する者相互間の研究、連絡及び協力
5．研修会、研究会及び講演会等の開催及び協賛
6．ホームページの開設、会報及びその他出版物の刊行配布
7．その他前条の目的を達成するために必要な事業
8．前各号の事業に附帯又は関連する事業

活動内容　国内外の大学との交流

国立高雄第一科技大学（台湾）

2008年9月

国立高雄第一科技大学において河村副会長（当時）が講演（演

題：License Business in Japanese Trading Company）を行い、交流始まる。

2009年9月

著者（当時会長）夫妻が同大学知的財産権センター長周天教授を訪問、研究者間の交流を確認。

2010年3月

同大学より国際シンポジウムに参加の要請あり、研究者2名派遣。

中国人民大学法学院（中国）

2012年5月

中国人民大学法学院にて共同フォーラム実施。GBL研究所より著者以下13名参加。

同志社大学

2013年1月

京都・同志社大学で同大学の国際ビジネス法務研究センターと共同研究会を実施。GBL研究所より著者以下10名参加。

一橋大学

2013年10月

一橋大学法学研究科との合同シンポジウムをGBL研究所10月の定例研究会として開催。「グローバリゼーションと企業法務の課題 — 法的環境の変化とグローバル法務人材の育成 —」をテーマに、著者、阿部氏、河村氏の3名の講演から成る第一部と、大島葉子氏（GE CAPITAL、エグゼクティブ・カウンセル）、垣内美都里氏（日産自動車株式会社、法務部）、杉江武氏（神鋼商事株式会社、法務審査部長）、平野温郎氏（東京大学大学院法学政治学研究科ビジネスロー・比較法政研究センター教授）の4名によるパネル・ディスカッション『グローバリゼーションと企業法務の人材の育成』を第二部とする構成で、一橋大学国立西キャンパス本館32番教室には多数の参加者が参集。

57

玄奘大学（台湾/新竹）

2014年1月16日

台湾新竹市の玄奘大学の法律学科とGBL研究所の間で「学術交流協定書」を締結。台湾のシリコン・バレーと言われる新竹市に所在する玄奘大学とは、研究員の相互訪問・研究会への参加など、交流を行ってきたが、同大学の法律学科代表者・劉得任校長と同大学に招かれて訪台中のGBL研究所・著者との間で、「学術交流に関する協定書」の調印が行われた。今後さらに交流を深めていく予定。

富山大学

2014年10月26日

富山大学経済学部経営法学科との合同研究会を、GBL研究所10月の定例研究会として開催。GBL研究所から13名が参加し、富山大学から、立石孝夫教授（経営法学科長）が「ハドレイ法理（予見可能性準則）の適用を回避する方法 — 事例に基づく損害賠償責任認定パターンの研究 —」、福井修教授が「年金信託の資産運用の損失にかかる受託者の責任」について研究発表をされた。その後、富山市内で懇親会を開き、学術交流を深めた。

2016年1月30日〜31日

富山大学と共催の国際シンポジウムを、ジョン・ミドルトン先生、黄瑞宜先生、丁恒先生、楊東先生などをお招きし、富山国際会議場において「国際シンポジウム in 富山 —— 国際ビジネスの法的地平を臨む」を開催した。また、翌日の31日には、富山大学五福キャンパスにおいて、個別の研究会が開催された。

玄奘大学（台湾/新竹）

2015年3月19日

台湾新竹市の玄奘大学の法律学科とGBL研究所との共同シンポジウム「2015台日国際企業法務実務」を玄奘大学のホール

第4章　学会人としての人生

で開催。日本からは11名が参加し、シンポジウムは大成功を収めた。

2015年12月18日

前回に引き続き、台湾新竹市の玄奘大学において、玄奘大学とGBL研究所との共同シンポジウム「2016台日国際企業法務実務」を開催した。GBL研究所からは、阿部博友教授（一橋大学）、高橋均教授（獨協大学）、高田寛教授（富山大学）の3名が参加した。

山形大学

2017年9月30日

　9月の定例研究会は荒井教授の居られる山形大学で開催した。

⑴　高田寛　明治学院大学法学部教授

　　「地理的表示保護制度（GI）と TRIPS 協定について」

⑵　河村寛治　明治学院大学名誉教授・GBL 研究所代表理事

　　「クラウドサービスにおける問題点」

　　東京から10名、富山から1名、地元山形から1名（荒井教授）の総勢12名での研究会終了後、近くのカレー＆居酒屋「番紅花（ばんこうか）」さんを借り切って懇親会を盛大に行った。

研究会

GBL 研究会、現代企業法判例研究会を開催している。

　2013年11月の定例研究会は、一般社団法人 GBL 研究所の創立5周年記念行事として、明治学院大学白金校舎2201教室で「グローバリゼーションと企業法務の課題：グローバル法務人材の育成とは」と題するシンポジウムを開催した。シンポジウム終了後、白金校舎の最上階大会議室でささやかながら立食パーティーを開き、お集まりいただいた皆さんと歓談した。

セミナー

Business Law Journal の後援により、GBL 国際法務研修基礎セミナーを開講している。2014年度から一人 1 回10,000円という自費でも参加しやすい料金にした。

所員プロフィール

名誉顧問	井原　宏	筑波大学名誉教授
代表理事・会長	河村寛治	明治学院大学名誉教授
理事・副会長	阿部博友	一橋大学名誉教授
理事	浅井敏雄	UniLaw 企業法務研究所代表
理事	荒井太郎	（元）山形大学人文社会学部教授
理事	飯田浩司	明治学院大学経済学部教授
理事	今井崇敦	セブン＆アイ・ホールディングス㈱法務部シニアオフィサー、弁護士
理事	遠藤元一	東京霞ヶ関法律事務所弁護士、立教大学法科大学院非常勤講師
理事	杉江　武	（元）㈱神鋼商事法務審査部長
理事	高田　寛	（元）明治学院大学法学部教授
理事	高橋　均	獨協大学法学部教授
理事	田中誠一	田中法律事務所弁護士、ニューヨーク州弁護士
理事	林　大介	パーソルホールディングス㈱取締役（監査等委員）、ニューヨーク州弁護士
理事	黄　瑞宜	台湾中央警察大学教授
理事	神山智美	富山大学経済学部教授
理事	渡辺樹一	ジャパン・ビジネス・アシュアランス㈱シニアアドバイザー、

米国公認会計士・公認内部監査
人、公認不正検査士、早稲田大
学非常勤講師

監事　　　　　　　米澤　勝　税理士

2　国際取引法学会

⑴　国際取引法学会創立までの経緯

　私は、GBL 研究所を立ち上げ、運営していることで満足したわけではなかった。当該研究所を踏み台にして、国際取引法学会を創設することを考えていた。

　しかし、国際取引法学会を創立すべきかどうかは難問であった。2013年の夏、私は、ハーバード大学ロースクールの図書館に文献調査に出向いていた。それまでに当図書館には何度か来たことがあったが、この夏はとくに重要であった。というのは国際取引法学会を創設すべきかの決心をつけるべく、自問自答するためであった。

　すでに、国際商取引学会、国際取引法フォーラムという学会が設けられていたからである。しかし、前者の国際商取引学会は商学と法学の両者から成る学会であって、国際取引法を対象とするものではなく、国際取引法の観点からは不十分である。国際取引法の研究レベルを高めることはできないと私には思われた。後者の国際取引法フォーラムは国際取引法を対象とする学会であるといわれていたが、学会誌を刊行しておらず、法学の研究者にとって満足することはできないと私には疑問視された。その会員数も不十分であり、フォーラムの運営も組織的ではなく、学会として発展する可能性は低いのではないかと私には思われた。このような疑問を私は国際商取引学会の研究会、国際取引法フォーラムの研究会に出席して実感したのである。

　やはり、国際取引法学会を創立すべきであり、今が最後のチャン

スではないか、と国際取引法学会創立の決心を、ハーバード大学ロースクールの図書館前の庭で、固めたのである。帰国後、創立に向けてどのような手順で動いていくかを考えねばならなかった。

　まず、学会の運営をどのようにするかについて、構想を固める必要があった。国際取引法は広い分野に跨がるため、それらの分野における研究が必要である。したがって、国際契約法制、国際企業法制、国際知的財産法制、国際紛争解決法制、新興国法制、グローバルコンプライアンス法制、国際投資・通商法制、国際金融・税制法制という8つの分野に分かれて研究活動を行う必要がある。次いで、事務局体制、企画委員会、編集委員会を設けて、学会を運営していく必要がある。

　さらに、学会創立に向けて進むためには、賛同者を募る必要があった。企業人から大学人に転身した先輩、私の教え子を軸として、多方面に働きかけることとした。

　このような準備ができたところで、以下の設立準備委員会を設けることとした。

設立趣旨｜学会概要
「国際取引法学会」設立の趣意書

グローバル時代の国際取引法学を構築するための新しい学会の設立

　わが国経済は2010年代に入り真の意味のグローバル時代を迎え、ベンチャーや中小企業を含めすべての企業はグローバルな国際取引・事業活動を展開しつつあるが、その過程でかつて遭遇したことのないさまざまな法律問題や課題に直面している。

　国際取引法学は歴史の若い先端的な学問分野であり、これまで一部の先達者が道を切り開いてきたが、グローバル時代の法律問題に対応するべく今後の一層の発展に向けて若い研究者・専門家の育成と、国際取引法学の研究の深化・展開とレベル向上を図ることが重

第4章 学会人としての人生

要な課題である。

国際取引法学は関連法制度を幅広く包含し、かつ企業のグローバルな事業活動と密接にかかわる学問領域であることから、大学の研究者のみならず、企業法務の実務家、法曹関係者や官公庁の担当者など幅広い専門家の努力を結集し、相互に啓発・交流する必要がある。

国際取引法学の研究領域を拡げ、よりグローバルな水準に引き上げるためには、海外の大学・研究機関との交流・共同研究が必要であるが、そうした国際交流・共同研究の母体としての学会の有用性にも着目する必要がある。

これまで、国際取引法とその関連法制度の各分野の研究者・専門家は、国際取引法という新たな法分野を研究する先駆的な学会として2000年に発足以来活動を続けている国際取引法フォーラムを始め、それぞれ対応する既存の複数の関連学会に所属している。新たな学会は、グローバルな時代においてダイナミックに展開されている企業の国際取引・事業活動に関連する幅広い法律問題・法制度を研究対象として、このような関連学会その他の団体とも協働しつつ、国際取引法学の担い手である、研究者・企業法務・法曹等を3極とする専門家が一堂に会して研究報告を行い、互いに啓発し、その成果を世に向けて継続して発信できるような、この分野の研究を志す者すべてに開かれた、グローバル時代に対応する国際取引法学を構築するための学会の創設と発展を目指すものである。

新たな学会には、国際取引法学の専門分野毎の研究部会を設け、各部会における会員相互間の密接かつ積極的研究活動を通じて、国際取引法学のレベルアップを図る。

新たな学会は、次世代を担う国際取引法学の若手研究者や大学院生の指導・育成機関としての役割も担う。今後の国際取引法学の深化・発展のためにも、研究者・企業法務・法曹等が一丸となって若手研究者や大学院生の教育・育成に取り組む必要がある。

学会の特徴

本学会は、国際取引法学を研究する者（研究者・企業法務・法曹等）のための学会であり、これら3者（研究者・企業法務・法曹等）が協働して国際取引法学の振興を図る「場」と「機会」を提供するものである。

国際取引法学の特性から各研究部会（下記「研究組織」参照）単位で常時活動し、各研究部会のリーダー主導の下、活発な研究を通じて若手研究者の本格的な育成を実現する。

多様な媒体により研究成果を発信することとし、大学の研究者、企業法務の実務家、法曹等の専門家という3者間の密接な交流や連携を通じて、国際取引法学の深化・発展を図る。

海外の大学・研究機関や研究者との交流や共同研究を推進する母体として活動する。

学会運営の効率化を図り、年1回の総会や、年1回の学会誌刊行のみに拘泥することなく、主に研究組織単位で活発な研究活動を継続すると共に、前記の学会設立趣旨および目的に基づき、機能的な研究と成果の発表を行い、かつ若手研究者の研究支援を継続する。

研究活動

年次研究大会を開催する（第1回研究大会は2015年12月第2週）。

研究部会は年1回合同部会連絡会議を開催する。

各部会の研究活動は適宜会員にHPを通じて開示する。

各部会を若手研究者や大学院生の論文発表の場として活用する。

理事会は、研究部会間における研究成果の競争を促進し、各部会をまたがる研究協力や共同研究を促す。

理事会・研究部会は、研究成果を積極的に発信する（発信媒体として、学会HP、学会誌、書籍化、法律専門誌）。

学会賞（若手研究者向け）を設ける（詳細は別途規則を制定する）。

第4章　学会人としての人生

研究組織

学会の下に各研究部会を設置する。

各部会執行部（6名以下の各部会リーダー）主導の下、ネットなども活用して常時活動し、定例研究会や共同研究を行う（外部資金を活用した研究推進母体としても活用を図る）。会員は何れかの研究部会に所属することとするが、複数の部会への参加や部会間の移動も認める。なお、現時点では以下の部会の設置を予定しているが、各部会への参加希望者やリーダーの配置などの状況により部会の構成や発足時期、組み合わせ等は変わることがある。また、会員の今後の希望等に基づいて新たな部会の設置も検討する。

1．国際契約法制部会
　（CISG、ユニドロワ原則、UCC、事業提携、運送、保険、インコタームズほか）
2．国際通商・投資法制部会
　（投資、地域開発、経済連携、WTO ほか）
3．国際知的財産法制部会
　（知財取引、技術ライセンス、著作権、IT、不正競争防止ほか）
4．国際企業法制部会
　（JV、M&A、ガバナンス、企業グループ、グローバル人材、倒産ほか）
5．国際取引紛争解決法制部会
　（準拠法、商事・投資仲裁、裁判管轄、訴訟ほか）
6．グローバル・コンプライアンス法制部会
　（競争法、消費者保護、賄賂禁止、環境保護、安全保障管理ほか）
7．国際金融法制・税制部会
　（国際資金決済、ファイナンス、国際税制ほか）
8．新興国法制部会

（アセアン、インド、韓国、中国、台湾、ブラジル・ラテン
アメリカほか）

運営組織

総会→理事会（理事は 3 年毎に半数改選）
→研究部会（リーダー〈理事が兼任〉は 3 年毎改選）→会員
委員会（理事が委員兼任）
企画・財務委員会（委員は 3 年毎改選）→各研究部会から 1 名
選出
編集委員会（委員は 3 年毎改選）→同上
事務局（理事が事務局長兼任、3 年毎持ち回り、研究大会開催
校は毎年持ち回り）
年会費：正会員　　8,000 円
　　　　学生会員　4,000 円　ただし、学生会員が年度内に高
　　　　　　等教育機関の大学院在籍者でなくなった場合は当該
　　　　　　年度の翌年度以降は正会員として扱う。
　　　　法人会員　150,000 円

設立日程

2014 年 2 月　設立準備開始
　　　　3 月　設立趣意書・規則等の作成・設立準備委員会発足
　　　　4 月　運営組織・人員等の編成
　　　　5 月　会員募集開始
　　　　9 月　学会の枠組み決定（準備完了）
　　　12 月　設立総会（12 月 13 日一橋大学において開催）

会員の対象

国際取引の法律問題にかかわる人すべて（国籍は問わない）、
大学の研究者、企業の法務部門等の実務家、弁護士等法曹、官
公庁の実務家

第4章　学会人としての人生

　私たちは、以上のような構想のもとに、大学の研究者、企業法務の実務家および法曹等の専門家との間の密接な交流と連携を図る学会の設立によって、グローバル時代における法律問題に対応した国際取引法学を構築することができるものと確信する。よって、ここに国際取引法学研究の一層の深化・展開とレベル向上のために、私たちは新たに「国際取引法学会」の設立を発起するものである。この学会設立の趣意書に多くの関係者が賛同され、学会が設立の運びとなることを期待する。

　2014年10月7日

　　　　　　　　設立準備委員会委員長　　井原宏（筑波大学・弁護士）

⑵ 国際取引法学会の運営

　どのように学会の運営を行っているか、例として、直近の2024年度、2023年度および2022年度、創立直後の2016年度および2015年度の全国大会における活動を紹介する。

研究大会｜学会の活動

2024年度・全国大会実施要領
（3月16日㈯・3月17日㈰開催）

2024年度　国際取引法学会　全国大会実施要領
全国大会のテーマ「ＥＳＧ時代の国際取引法 ─ 役割と使命 ─」
1．実施日　　2024年3月16日㈯・3月17日㈰
2．実施場所　中央大学法学部茗荷谷キャンパス
　　　　　　　会場Ａ：2E03教室
　　　　　　　会場Ｂ：2E04教室
　　開催校等　開催校：中央大学
　　　　　　　開催校幹事：中央大学商学部教授　　阿部雪子
　　　　　　　開催校では、大学院商学研究科及び経済学研究科

67

の院生、商学部の学生の協力を得て開催します。

3．実施形式　完全対面
4．報告について

3月16日㊏

9:30〜受付開始
受付（１階ロビー）

9:50〜10:00
開催校挨拶

10:00〜11:30
- **会場A　部会①（国際企業法制部会）**
【主宰：德本穣部会長】
【当日の司会：高橋均部会長代行】
　　10:00-11:30
　　シンポジウム
　　テーマ：「実効性のある取締役会のための事務局の在り方〜
　　英国モデルを参考に〜」
　　高橋均氏（獨協大学）
　　久保田真悟氏（鳥飼総合法律事務所）
　　藤原幸一氏（TDK株式会社）
- **会場B　部会②（国際契約法制部会）**
【主宰：久保田隆部会長】
　①10:00-10:30
　　志馬康紀氏（国際契約法制部会長代行）「ウィーン売買条約
　　の日本での裁判例（５件）：日本法の事実認定論との交錯
　　（契約の解釈）」
　②10:30-11:00
　　柳田宗彦氏（キャピタランド・ジャパン株式会社）「DAO
　　（分散型自律組織）法」

③ 11:00–11:30

久保田隆氏（早稲田大学）「デジタル化を巡る一考察：① AI
裁判と LLM、②デジタル通貨と SDGs」

11:30〜12:30

昼食

12:30〜14:00

- 会場A　部会③（国際知的財産法制部会）

【主宰：高田寛部会長】

① 12:30–13:15

田中康子氏（エスキューブ国際特許事務所）「エリブリンメ
シル酸塩事件で顕在化したパテントリンケージの課題と解決
策の検討」

② 13:15–14:00

神山智美氏（富山大学）「動物福祉の席巻による国際取引へ
の影響 —— 毛皮（リアルファー）からフェイクファーへ」

- 会場B　部会④（国際取引紛争解決法制部会）

【主宰：阿部道明部会長】

① 12:30–13:15

山口修司氏（中央大学）「国際調停による和解合意に執行力
を付与するシンガポール条約の実務に与える影響」

② 13:15–14:00

笠羽英彦氏（株式会社 LIXIL）「欧州一般データ保護規則
（GDPR）上の損害賠償制度：欧州司法裁判所の先決裁定の
分析を踏まえて」

14:10〜15:40

- 会場A　部会⑤（国際金融法制・税制部会）

【主宰：今村隆部会長】

【当日の司会：大野雅人部会長代行】

14:10–15:40

住倉毅宏氏（高千穂大学）「PE 概念の拡張と将来展望」

15:50〜17:20

会場A　会員総会

17:30〜19:30

懇親会

3月17日㈰

9:30〜受付開始

受付（1階ロビー）

10:00〜11:45（下記2部会の合同開催となります）

- 会場A　部会⑥⑦（グローバルコンプライアンス法制部会・国際通商・投資法制部会合同開催）

【グローバルコンプライアンス法制部会主宰：平野温郎部会長】

10:00-11:00

梅津英明氏（森・濱田松本法律事務所）「ESG時代のハードロー・ソフトローとコンプライアンス〜『ビジネスと人権』における議論を中心に〜」

【国際通商・投資法制部会主宰：小林一郎部会長】

11:00-11:45

小林一郎氏（一橋大学）「ウィーン国際売買条約（CISG）におけるサステナビリティ：CISGを基礎とする契約ガバナンスとグローバル・サプライチェーン・マネジメント」

11:45〜13:00

昼食

13:00〜17:00

- 会場A　国際シンポジウム（新興国法制部会、台湾誠正経営学会）

【主宰：阿部博友部会長】

13:00-17:00

第4章　学会人としての人生

〈台日学術交流シンポジウム「ESG 時代の国際取引法 ― 役割と使命 ―」〉

協力：台湾誠正経営学会（Taiwan Institute of Ethical Business）・一般社団法人 GBL 研究所

【報告者・テーマ】

①阿部博友氏（名古屋商科大学）「ESG 時代の国際取引法 ― 新興国の視点 ―」

② L. ペドリサ（Luis PEDRIZA）氏（獨協大学）「日本における差別撤廃と LGBTQ ＋保護の法的動向：判例の分析と将来展望」

③高橋均氏（獨協大学）「ESG 経営におけるビジネスと人権～企業の社会的責任の観点から～」

④盧暁斐氏（SBI 大学院大学）「中国における ESG 関連法規制の現状と動向 ― 2023 年の会社法改正を中心に ―」

⑤黄瑞宜氏（台湾・中央警察大学）「UNGPs を踏まえた台湾におけるビジネスと人権に関する国家行動計画」

⑥杜怡静氏（金融消費評議センター・国立台北大学）・游彦城氏（國立陽明交通大學）「SDGs の下における金融消費者の保護 ―― 台湾の金融 ADR 制度」

⑦ Yuan-Yao Chung 氏（PwC Legal）「Labour Relations under The Global ESG Trend」

2023年度・全国大会開催日程およびプログラム
（2月18日・19日開催）

2023年度　国際取引法学会　全国大会実施要領

全国大会のテーマ「不確実な世界における国際取引法の役割と在り方」

1．実施日　　2023 年 2 月 18 日㈯・2 月 19 日㈰

2．実施場所　九州大学伊都キャンパス　イーストゾーン

　　　　　　イースト２号館　法学研究院棟
　　　　　　会場Ａ：ED 105 教室
　　　　　　会場Ｂ：ED 109 教室
３．実施形式　ハイブリッド形式（対面＋オンラインライブ配信）
４．報告について

2月18日㈯

13:00〜13:30

受付（法学研究院棟の１階のホール）

13:30〜15:00

- 会場Ａ　部会①（グローバルコンプライアンス法制部会）
【主宰：平野温郎部会長】
【当日の司会：林大介部会長代行】
①13:30-15:00【対面報告】
　　前田絵理氏（EY 弁護士法人）「グローバルコンプライアンス
　　体制・推進活動の実効性評価」
- 会場Ｂ　部会②（国際通商・投資法制部会）
【主宰：梅島修部会長】
①13:30-14:00【オンライン報告】
　　畠山佑介氏（在英国日本国大使館）「英国の対ロシア制裁」
②14:00-14:30【対面報告】
　　梅島修氏（高崎経済大学）「安全保障と GATT ── 米国措置
　　に対する WTO 紛争判例をめぐって」
③14:30-15:00【ハイブリッド形式】
　　Q&A セッション

15:10〜16:40

- 会場Ａ　部会③（国際企業法制部会）
【主宰：徳本穣部会長】
①15:10-15:55【対面報告】

結城大輔氏（のぞみ総合法律事務所）「海外子会社とのコミュニケーション：レポーティングライン、内部通報制度、内部監査を通じたリスク情報伝達・把握の現状分析」

②15:55-16:40【対面報告】
奥乃真弓氏（東洋大学）「メルクマールとしてのベネフィット・コーポレーション〜株主厚生の観点から〜」

▪ 会場B　部会④（国際契約法制部会）
【主宰：志馬康紀副部会長】

①15:10-15:55【オンライン報告】
山路洋氏（丸紅株式会社）「国際取引契約の責任制限条項中に定められた責任上限額について」

②15:55-16:40【オンライン報告】
山本明氏（株式会社阪急阪神エクスプレス）「『自動運航船』は実現できるか —— 陸海空の自動化技術と人間の介入に係る法的問題」

17:00〜
懇親会

2月19日㈰

10:10〜10:30
会場A　関係者挨拶

10:30〜12:00

▪ 会場A　部会⑤（国際金融法制・税制部会）
【主宰：今村隆部会長】

①10:30-12:00【オンライン報告】
中村信行氏（名古屋商科大学大学院）「移転価格訴訟の将来展望」

▪ 会場B　部会⑥（国際知的財産法制部会）
【主宰：高田寛部会長】

①10:30–11:15【オンライン報告】

神山智美氏（富山大学）「デジタル時代コンテンツの権利帰属に関する一考察 ― コンテンツ・エコシステムの全貌を捉える ―」

②11:15–12:00【オンライン報告】

杉江武氏（神鋼商事）「商品化権の性質とビジネス〜鉄道車両、航空機等を題材として〜」

12:00〜13:40

昼食

13:40〜15:10

▪ **会場A**

①13:40–14:25　部会⑦（国際取引紛争解決法制部会）【オンライン報告】

【主宰：河村寛治部会長】

吉川英一郎氏（同志社大学商学部）「Google AdSense 契約標準約款中の専属的裁判管轄条項に関する米国判例」

②14:25–15:10　部会④（国際契約法制部会）【オンライン報告】

【主宰：志馬康紀副部会長】

高崎登氏（マニー株式会社）「CISG 最新判例研究会第 1 回：米国ニューヨーク州地方裁判所2022 年 1 月25 日 CISG 判決（医療マスク事件），New York State Dept. of Health v. Rusi Technology Co., Ltd., Supr. Ct. New York, Albany Cty., 907022-21, CISG-online 5781」

▪ **会場B　部会⑧（新興国法制部会）**

【主宰：阿部博友部会長】

①13:40–14:10【対面報告】

黄瑞宜氏（台湾中央警察大学）「台湾における取締役の ESG 対応及びその義務と責任 ― コーポレートガバナンス3.0（2020年改定版）を踏まえて ―」

②14:10-14:40【オンライン報告】

盧暁斐氏（SBI大学院大学）「中国法における親会社取締役の責任と多重代表訴訟制度の創設」

③14:40-15:10【対面報告】

阿部博友氏（NUCBビジネススクール）「健全な資本主義のためのコーポレートガバナンス ─ The Error at the Heart of Corporate Leadership ─」

15:20〜16:20

会場A　会員総会

16:20〜17:30

総会終了後　台湾誠正経営学会（TIEBF）と国際取引法学会との学術協定調印式

2022年度・国際取引法学会全国大会プログラム

(3月26日・27日開催)

国際取引法学会全国大会（2022年）

第1日　26 March Sat. 2022

1．紛争解決法制部会　9:00-10:30

第1報告（9:00-9:45）

- 笠羽英彦氏「欧州のデータ保護法違反に基づく損害賠償制度の展開」

第2報告（9:45-10:30）

- 吉川英一郎氏「ウェブサイト個人運営者に押し付けられたオンライン標準約款中の専属的国際裁判管轄条項の効力」

2．新興国法制部会　10:40-12:10

第1報告（10:40-11:25）

- 阿部博友氏「人権侵害への関与と企業の法的責任」(11:25-12:10)
- 新興国法制部会外国判例研究会のお知らせと打ち合わせ

3．コンプライアンス法制部会　12:20-13:50
　第1報告（12:20-13:50）
- 伊達竜太郎氏「『ビジネスと人権』に関わる取締役の責任」

特別企画　モンゴル法シンポジウム　14:00-16:30
　徳本穣氏「総論・本シンポジウムの企画趣旨」(14:00-14:10)
　第1報告（14:10-14:28）
- 須田大氏「モンゴルに対する法制度整備支援等について」
　第2報告（14:28-15:04）（含　通訳の時間）
- バトボルド・アマルサナー氏「モンゴルにおける企業法（商法）の現代的な課題」
　第3報告（15:10-15:28）
- サランゲレル・バトバヤル氏「モンゴルにおける会社法の展開 ── その代表的な課題」
　第4報告（15:28-15:46）
- 岡英男氏「モンゴルにおける日本企業へのリーガル・サービス等について」
　第5報告（15:46-16:04）
- 吉野孝義氏「日本から見たモンゴルの民事裁判実務」
　質疑応答（16:04-16:30）

4．国際通商法部会　16:40-18:10
　第1報告（16:40-17:10）
- 畠山佑介氏「経済安全保障推進法案の概説」
　第2報告（17:10-17:40）
- 梅島修氏「WTO 協定の安全保障例外と経済安全保障の規制対象の関係」

質疑応答（17:40–18:10）

第2日　27 March Sun. 2022

1．企業法制部会　10:00–11:30
第1報告（10:00–10:45）
- 武田智行氏「取締役会実効性評価の実効性 — 実務家からの取締役会実効性評価に関する報告 —」
第2報告（10:45–11:30）
- 盧暁斐氏「親会社の責任規制と親子会社間取引の公正基準に関する一考察 —— 中国法、日本法、アメリカ法の比較を通じて」

2．契約法制部会　11:40–13:10
第1報告（11:40–12:25）
- 不破茂氏「ノルド・ストリーム2に対する米国経済制裁法とEUガス指令の域外適用」
第2報告（12:25–13:10）
- 山本明氏「国際運送契約における『危険品』法理の発展 — 条約と各国危険品法制 —」

3．金融税制部会　13:20–14:50
第1報告（13:20–14:50）
- 大野雅人氏「移転価格税制における無形資産の認識と評価 — 価値はどこで創造されるのか —」

4．知的財産法制部会　15:00–16:30
第1報告（15:00–15:45）
- 荒木謙太氏「開示請求とスラップ訴訟」
第2報告（15:45–16:30）
- 杉江武氏「企業での名刺管理ソフト導入における、個人情報保

護法令等に関する留意点」

第2回定期総会・研究大会日程

日時・場所：2016年3月19日（土曜日）10時～18時（開場9時30分）

一橋大学・国立西キャンパス本館30番教室

プログラム：

1．総会：10時00分～10時45分

　　主な内容：1）　2015年度事業実績報告

　　　　　　　2）　2015年度決算報告

　　　　　　　3）　2016年度事業計画

2．特別講演　（11時00分～12時30分）：講師　谷口安平先生（京都大学名誉教授・シンガポール国際商事裁判所判事）

　　演題：シンガポール国際商事裁判所について

　　副題：仲裁との比較を中心に

　　内容：日本企業が国際契約から生じるおそれのある商事紛争の解決を検討する場合、シンガポール国際商事裁判所の手続はどのような特徴があるのか、仲裁と商事裁判を比較しつつ、手続面も含めお話しいただきます。

3．会員による研究発表（13時30分～17時45分）

　　各1時間15分の発表とする。同時に4つの発表会場で各3回のラウンド（第1～3ラウンド）における発表（発表件数は計12件）を行う。

＊18時より一橋大学構内で懇親会を開催。

【研究発表の応募】

　　上記3の会員発表は各研究部会からの報告8件に加えて、会員からの応募による報告を実施。発表を希望する会員に、①発表テーマと②発表要旨（1600字以内）を事務局に送ってもらい、理事会にて発表者を決定。

第4章　学会人としての人生

発起人総会・第1回定期総会日程

　日　　時：12月13日㈯16：00開会（開場15：30）〜18：00閉会
　場　　所：一橋大学国立東キャンパス・東1号館2階1202番教
　　　　　　室
　議　　題：学会の創立・会則の承認・理事選任ほか
　懇親会：18：30から一橋大学佐野書院にて懇親会を開催

澤田壽夫先生から祝辞をいただきました

　国際取引法の先駆者である澤田壽夫先生（弁護士・上智大学名誉
教授）から本会の新設に向けた祝辞を頂戴しました。また澤田先生
には、発起人総会の開会に先立ちご挨拶いただきました。

　8つの研究法制部会をうまく運営できるかについて、私は、当初
どうかと心配していたが、各部会長のポストにベテランの会員を据
え、そのリーダーシップの下で非常にうまく運営されてきたと思っ
ている。私も、学会創立後数年間、国際契約法制部会長と国際知的
財産法制部会長を務めた。
　一般社団法人国際商事法務研究所が発行している国際商事法務
（IBL）に関して、私の発案で、当時の姫野常務理事・事務局長を
接待して、学会の各研究法制部会から順番に毎月2本の論文を IBL
に掲載していただくようお願いし、快諾していただいた。この原稿
料は学会の運営費に充当されて役立っている。
　さらに、私の発案で、国際取引学会賞・審査員賞を2年間隔で表
彰し、外国判決評釈と会員出版情報を国際取引法学会誌に掲載する
ことにした。

会長挨拶｜学会概要

国際取引法学会　新代表理事・会長挨拶

　このたび、阿部博友前会長の後を継いで会長に就任することとなりました。皆様とともに、本学会の活動がより活発に、より価値あるものになるように努めてまいりたいと思いますので、どうぞよろしくお願い申し上げます。あらためて、これまで本学会のさまざまな活動に多大なご尽力をいただいた、歴代会長、歴代・現在の役員、会員の皆様、ならびに事務局の皆様に心より感謝申し上げます。

　本学会は、2014年12月に「グローバル時代の国際取引法学を構築するための新しい学会」として誕生し、この度創立10周年の節目を迎えました。国際取引法学は歴史も若く、国際契約法や企業法のほか、「ビジネスと人権」や経済安全保障、新興国法制、知的財産、国際税制などの幅広い分野にわたって、企業活動をめぐる様々な課題を取り扱う学問としての理論化・体系化を進め、企業法務実務の羅針盤となりえるような学問的成果を発信していく使命を担っているものと認識されます。先端的な学問分野であることから、研究者と実務家が連携を深めながら国際取引法学の研究の深化・展開を図ることが期待されています。

　本学会は年2回の全国大会・中間報告会の開催に加え、学会誌および法律雑誌を通じた研究成果の社会発信を継続的に行っております。社会人・大学院生・学生を幅広く対象とした国際取引法エッセイコンテストの実施など若手研究者の育成にも尽力しています。海外の大学・研究機関との交流・共同研究も進めております。2024年3月の全国大会では、「ESG時代の国際取引法 ― 役割と使命 ―」をテーマとして、台湾誠正経営学会のご協力の下、国際シンポジウムを開催致しました。

　本学会の一層の発展に向けて、今後も引き続き研究活動の活性化

第4章　学会人としての人生

を図ってまいります。会員の皆様の一層のご支援・ご協力をお願い
申し上げます。
　2024年3月

国際取引法学会　代表理事・会長　小林一郎

役員等一覧　（2024年4月1日現在）
　【顧問】
　　　特別顧問　　　　　谷口安平
　　　顧問　　　　　　　北川俊充
　　　顧問　　　　　　　富澤敏勝
　【名誉理事等】
　　　名誉会長（創設者）井原　宏
　　　代表名誉理事　　　阿部博友
　　　名誉理事　　　　　今村　隆
　　　名誉理事　　　　　河村寛治
　　　名誉理事　　　　　杉浦保友
　　　名誉理事　　　　　高田　寛
　　　名誉理事　　　　　高橋　均
　　　名誉理事　　　　　田中誠一
　　　名誉理事　　　　　德本　穣
　【役員】
　　　代表理事・会長　　小林一郎
　　　理事副会長　　　　奥乃真弓
　　　理事副会長　　　　小野里光広
　　　理事副会長　　　　加藤　格
　　　理事副会長　　　　神山智美
　　　理事副会長　　　　伊達竜太郎
　　　理事　　　　　　　阿部道明
　　　理事　　　　　　　阿部雪子
　　　理事　　　　　　　荒井太郎

理事	岩本　学
理事	大野雅人
理事	久保田隆
理事	黄　瑞宜
理事	志馬康紀
理事	杉江　武
理事	武田智行
理事	田澤元章
理事	田中康子
理事	林　大介
理事	堀口宗尚
理事	前田絵理
理事	森下哲郎
理事	柳田宗彦

【委員会・事務局】

編集委員会委員長	神山智美
企画委員会委員長	小野里光広
事務局長	伊達竜太郎
事務局長代行	阿部雪子
事務局長代行	奥乃真弓

【研究部会長】

国際契約法制部会	久保田隆
国際知的財産法制部会	高田　寛
国際企業法制部会	徳本　穣
国際取引紛争解決法制部会	阿部道明
グローバルコンプライアンス法制部会	林　大介
新興国法制部会	杉江　武
国際金融法制・税制部会	今村　隆
国際通商・投資法制部会	小林一郎

【会計監事】

　　杉江　　武

　　堀　　治彦

【ハラスメント等相談員】

　　荒井太郎

　　田中康子

会員出版情報（2022年〜2023年）

2022年から2023年にかけて出版された会員の書籍である。

　ただし、すでに掲載されたものを除いている。（執筆者名五十音順）

阿部博友『国際ビジネス法概論』

　　　　　　　（中央経済社、2022年）222頁　2,600円＋税

　現在の国際ビジネス法務に必要な知識と情報を、現実のCASEと結びつけて実務的視点から解説した入門書。第1部「国際ビジネス法の基礎」においては、国際契約をはじめ、国際取引の基本的な法的枠組みを解説。また、第2部「公正な国際ビジネスの実現に向けて」においては、国際カルテルや外国公務員等贈賄など、国際ビジネスの裏に潜む違法行為を中心に解説。そして、第3部「国際ビジネス法の課題」においては、ESG時代の国際ビジネス法の課題としての環境対応や人権課題への対応について解説した。

井原宏『国際取引法〔下巻〕』

　　　　　　　（東信堂、2023年）406頁　4,500円＋税

　本書は、国際取引法の体系書として2022年に出版した『国際取引法〔上巻〕』に次ぐ〔下巻〕であり、「第1部　国際事業提携」、

「第2部　国際ジョイントベンチャー」および「第3部　国際買収」から構成されている。第1部は5章から構成されている。第1章は国際技術ライセンス関係から国際業務提携への発展である。第2章は、国際事業提携である。第3章は、国際事業提携契約の基本的構造である。第4章は、事業形態の選択のリスクとリーガルプランニングである。第5章は、提携関係の解消のリスクとリーガルプランニングである。第2部は、8章から構成されている。第1章は、国際ジョイントベンチャーのフレームワークである。第2章は、ジョイントベンチャー契約の基本的構造である。第3章は、合弁会社の経営と管理におけるリスクとリーガルプランニングである。第4章は、ジョイントベンチャーの経営における人材管理のリスクとリーガルプランニングである。第5章は、パートナーシップ型ジョイントベンチャー経営における忠実義務違反のリスクとリーガルプランニングである。第6章は、コーポレート型ジョイントベンチャー経営における忠実義務違反のリスクとリーガルプランニングである。第7章は、アメリカ反トラスト法による規制である。第8章は、EU競争法規制である。第3部は、9章から構成されている。第1章は、国際買収のフレームワークである。第2章は、国際買収のプロセスである。第3章は、国際買収契約の基本的構造である。第4章は、買収におけるデューディリジェンスのリスクとリーガルプランニングである。第5章は、買収後の経営におけるリスクとリーガルプランニングである。第6章は、アメリカにおける買収防衛策である。第7章は、アメリカ反トラスト法による規制である。第8章は、EU競争法による規制である。第9章は、わが国独占禁止法による規制である。

井原宏『国際取引法講義』
（大学教育出版、2023年）374頁　3,500円＋税

本書は、多角的な観点から国際取引法に関する問題を分析・整理

した、国際取引法の標準的な教科書である。本書は10章から構成されている。第1章は、「国際物品売買契約」である。契約の総則、契約の成立、契約の内容、契約の履行と不履行、契約の解除および損害賠償について解説する。第2章は、「国際物品売買の付随契約」である。定型取引条件としてのインコタームズ、国際運送契約、国際貨物海上保険契約および国際代金決済について概観する。第3章は、「コーポレートガバナンス・システムの構築」である。アメリカ型コーポレートガバナンス、日本型コーポレートガバナンス、社外取締役、コーポレートガバナンス形態の強化、企業法情報の開示規制、情報開示によるコーポレートガバナンス、マネジメントの説明責任およびグローバル企業のガバナンス・システムについて検討する。第4章は、「コンプライアンス・システムの構築」である。コンプライアンス・プログラム、内部通報制度およびコンプライアンス・システムの整備・強化について検討する。第5章は、「国際技術ライセンス」である。国際技術ライセンスの機能、国際技術ライセンス契約の形態、国際技術ライセンス契約の基本的構造、ライセンサーの義務のリスクとリーガルプランニング、ライセンシーの義務のリスクとリーガルプランニングおよびアメリカ反トラスト法による規制について概説する。第6章は、「国際事業提携」である。国際事業提携のフレームワーク、国際事業提携契約の基本的構造、事業形態のリスクとリーガルプランニングおよび提携関係解消のリスクとリーガルプランニングについて検討する。第7章は、「国際ジョイントベンチャー」である。国際ジョイントベンチャーのフレームワーク、コーポレート型国際ジョイントベンチャー契約の基本的構造、パートナーシップ型ジョイントベンチャー契約の基本的構造、合弁会社の経営と管理におけるリスクとリーガルプランニングおよびアメリカ反トラスト法による規制について解説する。第8章は、「国際買収」である。国際買収のフレームワーク、国際買収のプロセス、国際買収契約の基本的構造、買収におけるデューディリジェンスのリスクとリーガルプランニング、買収後の経営におけ

るリスクとリーガルプランニングおよびアメリカ反トラスト法による規制について解説する。第9章は、「国際取引における紛争解決」である。国際仲裁および国際訴訟について概説する。第10章は、「国際取引法の研究」である。ビジネス・ローおよびリーガルプランニングについて紹介する。

井原宏『国際取引法入門』
（信山社、2023年）230頁　2,500円＋税

国際取引法の入門書はこれまで出版されていない。本書は、四六判の国際取引法入門書である。本書は、8章から構成されている。第1章は、「国際物品売買契約」である。契約の成立、契約の内容、契約の履行・不履行、契約の解除および損害賠償について概説する。第2章は、「コーポレートガバナンス・システムの構築」である。アメリカ型コーポレートガバナンス、日本型コーポレートガバナンス、社外取締役、コーポレートガバナンス形態の強化、企業情報の開示規制、情報開示によるコーポレートガバナンス、マネジメントの説明責任およびグローバル企業のガバナンス・システムについて検討する。第3章は、「コンプライアンス・システムの構築」である。コンプライアンス・プログラム、内部通報制度およびコンプライアンス・システムの整備・強化について検討する。第4章は、「国際技術ライセンス」である。国際技術ライセンス契約の機能と形態、国際技術ライセンス契約の基本的構造、ライセンサーの義務およびライセンシーの義務について検討する。第5章は「国際事業提携」である。国際事業提携のフレームワーク、国際事業提携契約の基本的構造、提携の解消および提携関係の発展について考察する。第6章は、「国際ジョイントベンチャー」である。国際ジョイントベンチャーのフレームワーク、コーポレート型国際ジョイントベンチャー契約の基本的構造および合弁会社の経営と管理について検討する。第7章は、「国際買収」である。国際買収のフレーム

ワーク、国際買収の形態、国際買収のプロセス、国際買収契約の基本的構造および買収におけるデューディリジェンスについて考察する。第8章は、「国際取引における紛争解決」である。国際仲裁および国際訴訟について解説する。

今村隆・大野雅人（共著）『移転価格税制のメカニズム』
今村（会員）第1章、第2章1・2・3⑴⑶、第4章、第5章、第7章1
大野（会員）第2章3⑵⑷、第6章、第7章2
（中央経済社、2023年）328頁　4,400円＋税

本書は、法務省に所属し移転価格税制の訴訟に関わった著者（今村）と国税庁に所属しOECDの移転価格に関するワーキング・パーティ6の日本代表として移転価格ガイドラインに関わった著者（大野）が共同して、難解な移転価格ガイドラインを分析するとともに、わが国を始め各国の移転価格税制に関する訴訟において、ガイドラインの考え方が活かされているかを検証した本である。

現在、移転価格税制は、OECDの進めているBEPSプロジェクトでも重要な役割を期待されているが、一方で、独立当事者間原則の妥当性が揺らいでいて、岐路に立っている状況にある。本書は、そのような状況を踏まえて、今後、移転価格税制の進むべき方向を検討するものである。

久保田隆『法律学者の貨幣論：デジタル通貨・CBDCの未来』
（中央経済社、2023年）262頁　3,300円＋税

ビットコインなどの仮想通貨（暗号資産）やテザーなどのステーブルコインの取引が拡がり、日本を含む主要国で中央銀行デジタル通貨（CBDC）の導入が数年以内に見込まれるなど、貨幣を巡る状況は大きな転換期にある。そこで本書は、経済学者を中心に議論されてきた「貨幣とは何か？」について、法律学者の観点から、初

学者にもわかるように様々な角度から検討したものである。ちょうど同時期に、貨幣とは何かに関する様々な角度からの新刊が本書を含めて4巻発刊されており、日本経済新聞2023年11月25日付朝刊「活字の海で」の「『お金』の謎に迫る4冊：暗号資産やMMTが再定義促す」との記事の中で本書も紹介され、「『法律学者の貨幣論』（久保田隆著、中央経済社、23年9月）はデジタル通貨を軸に、お金と法律との関係を幅広く論じる。」と書かれている。

久保田隆（共著）『**Changing Orders in International Economic Law Volume 2: A Japanese Perspective**』（**Dai YOKOMIZO, Yoshizumi TOJO, Yoshiko NAIKI, Eds.**）
　　　　（Routledge、2023年）60〜70頁（全171頁）25,906円＋税

日本国際経済法学会の主要メンバーが国際経済法の様々な側面について執筆した論文集。久保田は、"Chapter 7 Monetary Sovereignty and Future Global CBDC Competition: A Japanese Perspective" を執筆した。

久保田隆（共著）『**International Monetary and Banking Law in the post COVID-19 World**』（**William Blair, Chiara.Zilioli, Christos Gortsos, Eds.**）
（Oxford University Press、2023年）271〜287頁（全467頁）42,353円＋税

国際法協会通貨法委員会の主要メンバーが国際金融法の様々な側面について記述した論文集。久保田は、Chapter 12, Japanese and International Law Developments of Crypto and Digital Currencies, pp.271–287、を執筆した。

神山智美『種苗法最前線 ── バイオ特許からブランド品種保護まで』

(文眞堂、2023年) 460頁　5,800円＋税

石川県の「ルビーロマン」の商標権問題が話題になったばかりである。「シャインマスカット」というブランド品種保護が十分でないことから失われた利益も大きい。一方、生物多様性条約（COP15）に関して、遺伝資源のデジタル配列情報（DSI）の使用と利益の配分にも一定の合意がなされた。品種開発を担うバイオ技術の進展の速さに、ルールメーキングも追随する必要がある。本書は、国内における種子法の廃止、種苗法改正のみならず、日本の植物新品種保護のあり方を、特許および品種登録の国際比較と知的財産権保護の歴史を踏まえ、検討しているものである。新たな種苗法の時代を予見させる専門書であると同時に、種苗行政担当・種苗法関連事業者必携の書である。

四方藤治『変容する現代社会と株式の法的性質』

(早稲田大学出版部、2022年) 236頁　4,000円＋税

株式についてはある種の所有権性が認められるというのがこれまでの通説・判例であった。しかしこの考え方は、激しく変動する現代社会の中で直しが迫られている。このことを、英米法の議論をふまえつつ、日本における株式制度の変容を論じた。

高橋均『グループ会社リスク管理の法務（第4版）』

(中央経済社、2022年) 268頁　2,700円＋税

グループ会社ガバナンスの重要性の視点から、グループ会社のリスク管理について、企業集団の内部統制に係る法と実務の両面から整理した書籍。近時、本体の事業部門を分社して子会社化したり、

M&Aによる子会社化を実行することにより、グループ全体として企業の競争力を確保する企業経営が定着している。一方において、グループ会社の事件・事故も散見されている。そこで、企業集団の内部統制システムに関する法令を確認した上で、グループ会社のリスク管理に関する具体策やグループ会社を巡る裁判例、持株会社形態や海外子会社に特化したリスク管理についても詳説している。

第4版では、令和元年会社法で創設された子会社化のための株式交付制度やコーポレートガバナンス・コードの再改訂の解説、3ラインモデルを活用したグループ会社管理、グループ会社とESG対応等の最新トピックスを反映している。

高橋均（共編）『会社法 実務スケジュール（第3版）』
（新日本法規出版、2023年）622頁 6,500円＋税

会社運営に関連して規定されている内容において、研究者・法曹実務家・企業実務家の共同執筆によって編集した会社や株主等が遵守すべき各種スケジュールに焦点を当てた書籍。会社や株主等の関係者は、自らの法的権限や義務を行使・履行するためには、一定の期限が存在する。そこで、株主総会や取締役会等の会社機関運営関連、株式譲渡や募集株式発行等の株式関連、剰余金の配当等の計算関連、合併・会社分割等の組織再編関連、会社設立や解散関連、訴訟・非訴訟関連等について、合計38項目にわたって、遵守すべきスケジュールを一覧として整理した上で、各々の項目について解説を加えている。

会社法に限らず、金商法・振替法・商業登記法・各種法令等、さらには上場規則等のソフト・ローの明示、公開会社・非公開会社、大会社・非大会社を区別したスケジュールを示している点も特徴である。

第3版では、令和元年改正である株主総会関連の改正をはじめ、スケジュールに関係する最新の法令内容を反映させている。

第4章　学会人としての人生

高橋均『監査役監査の実務と対応（第8版）』
（同文舘出版、2023年）384頁　4,000円＋税

　監査役監査の実務について、15年以上、監査役や監査役スタッフに支持されて増刷・増版されたバイブル的書籍。指名委員会等設置会社の監査委員、監査等委員会設置会社の監査等委員の実務にも対応している。近時は、監査役の関係者のみならず、監査役と連携を必要としている内部監査部門関係者や会計監査人等の読者も多い。

　第8版では、令和4年9月1日施行会社法及び令和3年改訂のコーポレートガバナンス・コードに係る監査役関係箇所を反映・解説するとともに、様々な実務に即した80以上の実例や様式の一部リニューアル、監査役を巡る代表的裁判例の概要・判旨・解説を加えている。また、姉妹書籍である『監査役・監査（等）委員監査の論点解説』（同文舘出版）との関連箇所を明示することにより、読者が応用的な論点についても理解を深めることができるように工夫されている。

松岡博（編）『レクチャー国際取引法（第3版）』
（法律文化社、2022年）全286頁（うち、吉川英一郎・山崎理志
「第13章　国際取引法務」〈250〜276頁〉を執筆担当）3,000円＋税

　同書は問題指向型アプローチを採る「国際取引法」の入門テキストである。第13章は、企業の国際法務部門の業務（契約法務・争訟法務）や顧問弁護士との関係を、企業実務の観点から解説している。

第一東京弁護士会総合法律研究所（編著）『最先端をとらえる ESGと法務』

（清文社、2023年）全392頁［松村啓分担執筆頁：160〜170頁］
3,500円＋税

第一東京弁護士会創立100周年を記念して出版された本書に、同会の総合法律研究所・宇宙法研究部会の活動の一環として、宇宙法に馴染みのない読者を想定して分担執筆を行った。表題は、「宇宙資源法、宇宙の特許権 ──『どこでもない場所』からの眺め」である。内容は、大別して2つの問題に関わる。第1に、宇宙資源の所有権を認めるべく2021年に施行された宇宙資源法の、第5条の文言について簡単に考察し、いずれの国家も領有できない「どこでもない場所」で宇宙資源が採掘されることが、興味深い問題をもたらすことを示唆した。第2に、「どこでもない場所」である宇宙空間に、ある国の特許権の効力を及ぼすことは許されないかという問いを提示し、「属地主義」に言及した学説を参照しつつ簡単に考察した。以上により、宇宙法には、それが「どこでもない場所」である宇宙空間に関係するが故の、特有の問題が伏在していることを、読者に紹介した。

渡部友一郎『攻めの法務　成長を叶えるリーガルリスクマネジメントの教科書』

（日本加除出版、2023年）270頁　2,900円＋税

2019年、国際競争力強化に向けた日本企業の法務機能の在り方研究会（経済産業省）が報告書を公表し、「法務機能」の枠組みが精緻化された。翌2020年、同研究会の構成員でもある著者は、平野温郎教授の助言を受け、『リーガルリスクマネジメントの先行研究と新潮流 ── 5×5のリスク分析ツールからISO31022の未来まで』と題する論文を国際商事法務48巻6号に掲載した。著者はそ

の後も研究を続け、同年にリーガルリスクマネジメントの初の国際
規格であるISO31022:2020が発効したことを受け、戦略法務・予防
法務をさらに発展させる臨床法務技術としてリーガルリスクマネジ
メントを実用的な枠組みとして普及させた。本書は、この2019年
から2023年に至る研究成果をまとめたものであり、従来の法学実
用書には珍しい漫画を手法として大胆に取り入れ、臨床法務技術を
分かりやすく解説している。

会員出版情報（2020年〜2021年）

2020年から2021年にかけて出版された会員の書籍である。

井原宏『国際技術ライセンス契約　そのリスクとリーガルプラ
ンニング』

（東信堂、2021年）300頁　3,200円＋税

　本書は、企業が所有する知的財産の戦略としての国際技術ライセ
ンス契約にかかわる法律問題についてどのようなリスクがあるか、
そのリスクにどのように対処するかという視点から分析し、体系的
に整理したものであり、実際の英文ライセンス契約の条項を参照し
つつ、8つの章から構成されている。「第1章　国際技術ライセン
ス契約の機能と形態」、「第2章　国際技術ライセンス契約の交渉」、
「第3章　ライセンス契約の基本的構造におけるリスクとリーガル
プランニング」、「第4章　ライセンサーの義務におけるリスクと
リーガルプランニング」、「第5章　ライセンシーの義務におけるリ
スクとリーガルプランニング」、「第6章　競争法による規制におけ
るリスクとリーガルプランニング」、「第7章　国際技術ライセンス
契約の紛争解決」、「第8章　国際技術ライセンス契約関係の発展」
である。
　本書執筆の動機は、筆者の企業時代の企画部門・法務部門におけ

るライセンスにかかわる実務経験、日本ライセンス協会における理事として他社の専門家との交流、WIPO・インドネシア政府主催のライセンスに関する国際セミナーの講師や5回にわたる特許庁主催の発展途上国向けライセンスに関するセミナーの講師としての経験から国際技術ライセンスに関する概説書の必要性を認識したことに由来している。

井原宏『企業経営のための経営法学』
（大学教育出版、2021年）297頁　3,000円＋税

　本書は、企業経営にかかわる法律問題についての多様な視点を整理して、12の章から構成されている。「第1章　企業形態」、「第2章　コンプライアンス経営」、「第3章　企業統治」、「第4章　事業戦略1」、「第5章　事業戦略2」、「第6章　事業戦略3」、「第7章　知的財産管理」、「第8章　取引管理」、「第9章　公正取引」、「第10章　人材管理」、「第11章　グループ子会社管理」、「第12章　紛争管理」である。

　現代の企業は、事業活動を展開するに際し、企業活動にかかわるさまざまな法律問題に直面する。そのような法律問題あるいは法律問題のベースとなる関係法律の理解なくして、企業を取り巻く環境の下で事業活動を推進することは不可能である。しかしながら、現代の企業経営にかかわる法律問題は多岐にわたり、かつ複雑であることから、その全容を把握し理解することは容易なことではない。本書は、企業経営にかかわる法律問題を体系的に整理し、その基本原則を理解しつつ、実際の企業経営に活かすことを目指すものである。

　本書執筆の動機は、筆者が慶應ビジネススクール（KBS）において、長年、「経営法学」という科目を担当した経験を踏まえて、経営法学の概説書が必要であるとの認識を深めたことに由来している。

阿部博友『リーガルイングリッシュ』

（中央経済社、2021年）315頁　3,400円＋税

　本書は、国際舞台で活躍するビジネスパーソンに不可欠なコミュニケーションの技法の中から法的なコミュニケーションの技法を分かりやすく解説した。法律英語は、難解であると言われ、敬遠されがちであるが、忙しい読者の便宜も考慮して５つのPART（全体で25のLESSON）に体系化して解説した。豊富な例文を紹介しつつ、文法の解説から英文契約書やビジネスレターの要点、そしてビジネスコミュニケーションの技術を実務に役立つようコンパクトにとりまとめた実用書である。

　本書の目次は以下の通り。

1　BASICS OF LEGAL ENGLISH
　　（Legal English の誕生；コモンローとは何か　ほか）
2　TECHNIQUES OF LEGAL ENGLISH
　　（Legal Latin を知る；句読点と約物のきまり　ほか）
3　LEGAL ENGLISH AND BUSINESS COMMUNICATION
　　（対面コミュニケーションのスキル；法的要求文書の作法
　　ほか）
4　LEGAL ENGLISH ON CONTRACTS
　　（不誠実な交渉の代償；契約書の解釈原理　ほか）
5　LEGAL ENGLISH FOR MANAGEMENT
　　（役員の法的責任；カルテル規制と刑事罰　ほか）

　本書執筆の動機は、英語で法律を理解する力が、ビジネスの成否を左右するという実体験である。英語は得意でも、法律英語はよく分からないというビジネスパーソンのために基礎から交渉術まで修得できるように解説した。一橋大学法科大学院における法律英語の教室で培ったノウハウを、多くのビジネスパーソンにも伝えられる

ように書籍化した。

高橋均『監査役監査の実務と対応（第7版）』
（同文舘出版、2021年）386頁　3,800円＋税

　本書は、監査役・取締役監査等委員・取締役監査委員及びそのスタッフの方々を読者として念頭において、監査役等監査の実務とそれを裏付ける法制度の両面からアプローチを行った実務書。様々な実務に対応した80以上の豊富な実例や様式、重要論点のトピックスやQ&A、株主総会における30の代表的想定質問と回答方針等実務に役立つ情報も豊富に掲載している。初版の2008年から10年以上にわたり、監査役等の実務家から支持され続けて増刷・増版を重ねてきたバイブル的書籍。監査役等との連携を必要としている内部監査部門や会計監査人の読者も多い。

神山智美『行政争訟入門（第2版）：事例で学ぶ個別行政法』
（文眞堂、2021年）186頁　2,200円＋税

　本書は、「社会に出る前に知っておきたい行政争訟（行政救済法）」として、主に行政個別法の主領域と、学部生の興味関心を踏まえて行政領域ごとに構成したものである。

　行政法の学習は、「行政法総論」と「行政救済法」に終始することになりがちであり、抽象性の域を出づらい。小中学校時代から学んできた憲法とは異なり、「難しい」印象を抱かれてしまうのも難点である。だが、実社会における活用までを視野に入れると、身近な行政領域の事例および裁判例の中で、学んだ抽象論を確認するという学びが必要になると筆者は考えており、そのためのテキストである。

　もちろん対象は広く、公務員になる人、会社員になる人、起業する人、家庭内ライフイベントにも必読と考える。子どもが「待機

児童」になりそうなとき（福祉行政）、生活保護世帯の引っ越しはどうなるの（社会保障行政）、「パワハラ」「セクハラ」「マタハラ」「SOGIハラ」等に関する法律（労働行政・市民生活行政）、新型コロナウイルス感染症対応の法律について（公衆衛生行政）、動物愛護と殺処分（動物行政）、採卵鶏や家畜のアニマルウェルフェア（動物福祉）とは（産業行政）、ヘイトスピーチやフラッシュモブにはどんな規制があるのか（表現の自由と公物管理）等、オーソドックスな許認可行政（産業振興行政）や警察・消防行政に限らず、学部生の関心に寄り添った書である。

加藤友佳『多様化する家族と租税法』

（中央経済社、2021年）264頁　5,000円＋税

本書は、働き方や婚姻制度などのライフスタイルの多様化に着目し、家族と租税法に係る諸外国の判例等について比較分析を行ったうえで、わが国の家族税制に理論的検討を加えるものである。本書の構成は、「第1編　家族と租税法」、「第2編　結婚と租税法」、「第3編　同性カップルと租税法」、「第4編　社会と租税法」の、4編9章からなっており、新しい家族制度とそれに対応する租税法のあり方について体系的な検討を行っている。

国際的潮流として多様な家族のあり方を認めて法改正を行う国が急増しており、同性パートナーが租税法上の配偶者となる選択肢が保障されていることから、本書ではアメリカ、イギリス、フランス、ドイツ、EUを中心に制度および判例を整理し、比較法的考察を行った。そのうえで、日本租税法における同性パートナーの可能性を探るべく、借用概念と準拠法というアプローチから、同性婚配偶者および登録パートナーの準拠法上の性質を類型化することにより、租税法上の配偶者と同性パートナーの法的研究の糸口を示すものである。

登島和弘『ここからはじめる企業法務 —— 未来をかたちにするマインドセット』

（英治出版、2021年）256頁　1,800円＋税

企業法務はこんなに面白い！

○ビジネスを前に進める上では欠かせないにもかかわらず、その実態が見えづらい企業法務という仕事。法務パーソンとしてキャリア30年以上の著者が、その仕事の本質と全体像を分かりやすく解説し、その面白さを伝える一冊。

〈本書の特徴〉

○対話をベースにした分かりやすさ
上司と部下の対話を軸に分かりやすく解説。著者の長年の経験に基づいた現場のリアリティを追体験できる。

○現場で求められる「マインドセット」に着目
法律の知識や英語力などだけでなく、企業法務という仕事に特有の「マインドセット」があることを提示。

〈目次〉

「第１章　企業法務の実像」「第２章　イシューを発見する」「第３章　リスクを察知する」「第４章　着地点を探す」「第５章『視える化』する」「第６章　視野を広げる」「第７章　企業法務の未来を描く」

阿部博友『ブラジル法概論』

（大学教育出版、2020年）242頁　2,800円＋税

本書は、「秩序と発展」を国是とするブラジルの法体系について歴史的成り立ちから現在までの姿を概説し、さらに著者の専門分野である経済法についてブラジルの特徴を考察したものである。第Ⅰ編は法構造と司法制度を平易に解説し、第Ⅱ編は会社法、競争法、腐敗防止法および仲裁法の４つの主題から現代ブラジル法の特質を

第 4 章　学会人としての人生

追究した研究や実務に役立つ概説書。本書の構成は以下の通り。

第Ⅰ編　ブラジル連邦共和国の法制度
　序　論　ブラジル法の形成過程
　第 1 章　1988 年憲法・政治体制・司法制度
　第 2 章　刑法および刑事訴訟法
　第 3 章　民商法
　第 4 章　民事訴訟法・倒産法
　第 5 章　企業法・資本市場法
　第 6 章　経済法
　第 7 章　知的財産権法
　第 8 章　労働法
第Ⅱ編　ブラジル経済法の論点
　序　論　経済秩序の形成と法
　第 1 章　ブラジル株式会社法の概要と特質
　第 2 章　競争法の歴史的展開
　第 3 章　腐敗防止のための法人処罰法
　第 4 章　国際商事仲裁と法

　本書執筆の動機は、優れたブラジルの法制度を概括的に照会することによって、わが国に紹介したいという筆者の永年の願いである。1988 年から 5 年間ブラジルに滞在し、企業法務に携わった経験や、その後大学院でブラジル会社法の研究を継続した実績などを本書に著し、ブラジルに関心のある読者の参考に供した。

高橋均『実務の視点から考える会社法（第 2 版）』
　　　　　　　　（中央経済社、2020 年）325 頁　3,100 円＋税

　本書は、著者の企業実務（法務等のコーポレート部門）及び法科大学院での教鞭の双方の経験が活かされた書籍。膨大な条文数のあ

99

る会社法について、株式会社の重要な項目について、その立法趣旨も含めて丁寧に解説している。実務の視点が念頭にあるため、伝統的な会社法の体系書とは異なり、「第1編　会社機関」「第2編　株式」「第3編　計算」「第4編　資金調達」「第5編　組織再編」「第6編　会社設立と解散」の解説の順番としている。また、会社法を初めて学習する読者の利便性を考えて、会社法の読み解き方や商法と会社法の関係等、会社法を理解する上で役立つ記載もある。さらに、読者の理解の促進のために、各章に事例問題を掲載するとともに、考える際のポイント・関連条文・解答骨子も記述している。この理由は、本文解説の内容の確認とともに、具体的な場面で会社法を当てはめることの重要性を認識してもらうことを狙いとしているからである。

　株式会社運営を行うための基本法である会社法を法理論と企業実務の両面から理解し活用されることが本書の目的である。会社役員や基幹管理職の社内研修用として使用している会社も多い。会社法について、今までまとまって学修する機会がなかった方はもちろんのこと、商法とは条文構造も内容も大きく異なった会社法を再確認されたいと考える読者に特に有用である。

今村隆『課税権配分ルールのメカニズム』

(中央経済社、2020年) 424頁　4,800円＋税

　本書は、租税条約における事業所得、給与所得などの各種所得について締約国のいずれが課税権を有するかを定める配分ルールについて、OECDのモデル租税条約を中心に各国裁判例を多数紹介して分析し、あるべき解釈を示すものである。

　また、本書は、このような配分ルールの基本メカニズムを明らかにするとともに、①租税条約が二国間を超える関係にも適用されるか、②租税条約は盾にすぎないのか、剣ともなり得るのか、③租税条約は、二重課税の排除だけが目的か、それとも二重非課税の排除

も含むかといった租税条約についての本質的問題を解明することを
目標とするものであり、筆者の見解を展開するものである。これま
で配分ルールについての同様の体系書はなく、実務家だけでなく、
研究者や大学院生にも参考になるものである。

(3) 国際取引法学会10周年記念

　国際取引法学会は、2014年に創立、2024年に10周年を迎えた。
私の発案で、大学教育出版より、これを記念するために、国際取引
法学会10周年記念論集を出版する計画を立て、推進している。

第5章　弁護士としての人生

1　東京弁護士会での活動

(1) 国際委員会

　東京弁護士会の国際活動を担う委員会で、外国法事務弁護士の入会審査を担当する他、毎年、外国の弁護士会などと連携して、さまざまな分野の活動をしている。あらゆる場面で法律問題がますますグローバル化する今、当委員会の重要性が高まってきている。

　具体的には、以下の活動を実施している。

- セミナーの実施
- 外国弁護士会への訪問
- 海外法曹団体との交流イベント、訪問の受け入れ
- 国際法律実務をめぐる諸問題の検討
- 弁護士業務の国際化への対応（研修の実施）
- 世界大都市弁護士会会議への参加
- IBA 年次総会への参加

　私は、定期的に開催される国際委員会に出席した。

(2) 法制委員会

　司法制度の改善および法令の調査研究、意見提言を行う委員会である。現在は、法務省法制審議会で議論されている民法および会社法の改正を中心に、積極的に提言を行っている。

　私は、会社法の改正に関して、法制審議会に出席している東京弁護士会の弁護士を支援するために、定期的に法制委員会に出席した。

2 個人法律事務所

　私は、地下鉄半蔵門線半蔵門駅に近い麹町に個人事務所を開いた。この事務所は一般社団法人 IBL 研究所の事務所も兼ねており、一人の年配の所員が同居していた。

　何故弁護士になったのか、私の目的は中小企業の役に立ちたいとかねてから考えていた。一つの理由は、住友化学で法務の責任者であった時代、顧問弁護士をはじめさまざまな国内外の弁護士を起用した経験からであった。国内では顧問弁護士として、検事総長の経験者、公正取引委員会の委員の経験者（東京高等検察庁の検事経験者）、その他多くの弁護士、海外では、韓国で知的財産専門の弁護士、アメリカでは同じく知的財産専門の弁護士や環境専門の弁護士、その他多くの弁護士と付き合った。国内外いずれも、特定の分野の弁護士でないと役に立たなかったのである。例えば、国際取引に関する法律問題は、大手の国際法律事務所では何の役にも立たなかった。

　このような経験から、中小企業を弁護士の立場から支援したいと思うようになったのである。

　実にさまざまな企業の人が私の法律事務所を訪ねてきた。私が顧問弁護士であった 4 社以外に、例えば、監視カメラ設置専門の会社の取締役営業部長が東南アジアにある企業との契約問題で、慶應ビジネススクールの卒業生で私の教え子（人材派遣の中小企業の社長）が取締役の秘密保持義務違反で裁判所に提訴する問題で、住友化学の系列会社である住友ベークライトの法務課長がシンガポールの子会社に関する問題で、化粧品会社の研究者がアメリカ企業との契約問題で、産学官金によるものつくり中小企業の支援ネットワーク機関である一般社団法人が台湾やベトナムに進出する問題で、またその会員企業が抱える法律問題で、訪ねてきた。当該一般社団法人の場合は、台湾に出張した。

3 中小企業の顧問弁護士

　私は、顕微鏡および光学関連機器の設計・製造の会社、多岐にわたる業界のコンサルティング、ソフトウェア開発および英語関連サービスを事業内容とする4社の顧問弁護士を務めていた。

　光学関連機器の設計・製造の会社は、社長が海外進出を企てて積極的に活動していた。アメリカの中小企業と業務提携を結ぶため、英文の契約書の交渉が必要となり、私の助言に基づいたドラフトで社長が渡米して相手方と交渉した結果、契約書締結に至った。しかしながら、数年経っても相手方企業の成果が出てこないため、結局、当該契約書の解消ということになった。社長は、東南アジアにも進出できないかと数か所の現地を訪ね歩いたが、これに応じる現地企業は見つからなかった。その後、社長からの相談はもっぱら国内の中小企業との契約上の問題になった。

　多岐にわたる業界のコンサルティングを事業内容とする会社は、大手メーカーの100％子会社であり、イギリスの空港で空港のビルを運営管理する会社とコンサルティング契約を締結するための交渉における英文のコンサルティング契約のドラフト作成のために、私はいろいろ助言し、契約の締結に至った。その後は、他の英文コンサルティング契約に関する助言を求められたが、段々と先細りになった。

　ソフトウェア開発の会社は、文字通りのベンチャー企業で、社長と数名の社員で開発を行っており、客先は国内外の企業が相手だった。ある国内の売り込み先で、各種ITシステムの開発・製造・販売を手がける会社の社員と出くわし、社長の商談を妨害したという事態が生じた。社長は、その妨害の証拠もあるので、営業妨害による損害賠償を当該ITシステム企業に請求したが、まったく相手にしてくれず、当該ITシステム企業を裁判所に訴えたいと、私に相談があった。裁判所に訴える前に、当該ITシステム企業と再度交渉すべきであると、社長に話をして、ついては私がそのITシス

第5章　弁護士としての人生

テム企業との交渉を引き受けることにした。何度か、その IT シス
テム企業の法務担当者に会って、交渉したが、社長の言う証拠に関
して解釈の相違があると主張し、折り合いがつかなかった。しか
し、訴訟になれば、両社ともダメージを受けることになるので、そ
の IT システム企業が妥当な金額の損害賠償金を支払うことで折り
合うこととし、その金額について何度か話し合い、最終的に妥結し
た。

　英語関連サービスの会社では、副社長は英語が得意で、外国人と
の付き合いも多く、その英語力を活かした事業を展開していた。イ
ンドやフィリピンの個人会社、国内の地方自治体などを客先として
いた。副社長の会社は、日本に観光で来た外国人向けのお土産品を
提供するサービスも手がけていたが、関西にある同業の会社に営
業譲渡することにした。しかし、その譲渡に関係するトラブルが生
じ、破談になりそうな事態が生じた。副社長と譲渡先の会社の社長
が東京で交渉することになった。私が立会人としてその会合に出席
することになり、双方の言い分を聞いて、最終的に円満に解決する
ことができた。一方、英語関連サービス事業の方は、当初の数年間
はうまく展開できていたが、環境の悪化もあって、次第に先細りに
なってきた。

　これら4つの会社は、私が顧問弁護士となって以来、7～8年間
は好調であったものの、それぞれの事情は異なるが、経済環境が悪
化した状況のため、逐次、顧問弁護士関係は解消となった。

　個人企業・中小企業の経営の難しさをまざまざと実感させられた
が、一方、私にとっては貴重な経験となった。

あ と が き

　若き頃、ケンブリッジ大学に留学してイギリス会社法を研究した経験は、私が法学の研究者になる原点となった。

　企業人として、住友化学時代に日本オキシランに出向した経験や法務部・外国部での国際取引交渉の経験は、私の専門分野である国際取引法の研究に多くのヒントを与えてくれた。例えば、国際ライセンス、国際事業提携、国際ジョイントベンチャー、国際買収の研究に大いに寄与した。国際取引法という学問は、単なる理論的な研究ではなく、国際取引の実務経験と結びついている、と実感している。日本オキシランでの経験は、国際ジョイントベンチャーへの興味を引き起こし、京都大学の博士号を取得する機会となった。

　多くの海外の大学での研究の機会は、私の国際取引法の研究に刺激を与えてくれた。例えば、ユトレヒト大学における経験は、『国際契約法』を執筆する成果をもたらした。

　経営法友会の代表幹事としての経験は、わが国の産業界を代表する三十数社の法務部長との付き合いを通じて、広い視野から企業法務を捉えることの重要性を気付かせてくれた。また、代表幹事としての活動は、新聞・雑誌のインタビューや企業法務に関する各種セミナーの講師・講演により、私の活動範囲を拡げてくれた。

　筑波大学、明治学院大学、さらに早稲田大学、慶應義塾大学、専修大学における私の教員としての活動は、多くの学生に学問への関心を呼び起こした。特に、筑波大学社会人大学院での活動は、その卒業生が大学教授になる可能性に道を開いた。教育者の使命を果たすことができた。

　研究者としての活動は、国際取引法の分野におけるレベルを格段に上げることができ、私が目指した目標を達成することができたと思っている。

　さらに、国際取引法学会を創設し、その順調な運営を軌道に乗せ

ることができ、国際取引法の水準を高めることに資することができた。

　大学において教育者を務め、国際取引法研究の成果を世に伝え、そして国際取引法学会を創設することによって、個人として、大いに社会に貢献することができたのを誇りに思っている。

　翻って思えば、このような横断的な人生を送れたことはとても幸せであった。海外で訪問・滞在したところは85か所に及んでいる。お目にかかったすべての方々に感謝申し上げたい。

井原　宏（いはら　ひろし）

京都大学法学部卒業、ケンブリッジ大学大学院比
較法研究課程修了、住友化学法務部長、日本ライ
センス協会理事、経営法友会代表幹事、筑波大学
大学院教授（社会科学系）、筑波大学大学院ビジネ
ス科学研究科長、明治学院大学法学部教授、明治
学院大学学長補佐、弁護士（東京弁護士会）、一
般社団法人GBL研究所代表理事会長、筑波大学監
事、国際取引法学会代表理事会長を歴任。現在、
国際取引法学会名誉会長（創設者）、筑波大学名誉
教授、京都大学博士（法学）。

横断人生はおもしろくて楽しい

2024年9月24日　初版第1刷発行

著　　者	井原　宏	
発 行 者	中田　典昭	
発 行 所	東京図書出版	
発行発売	株式会社 リフレ出版	

〒112-0001　東京都文京区白山 5-4-1-2F
電話 (03)6772-7906　FAX 0120-41-8080

印　　刷　　株式会社 ブレイン

© Hiroshi Ihara
ISBN978-4-86641-803-2 C0095
Printed in Japan 2024
本書のコピー、スキャン、デジタル化等の無断複製は著作
権法上での例外を除き禁じられています。本書を代行業者
等の第三者に依頼してスキャンやデジタル化することは、
たとえ個人や家庭内での利用であっても著作権法上認めら
れておりません。

落丁・乱丁はお取替えいたします。
ご意見、ご感想をお寄せ下さい。